真实乌托邦

UTOPIA OF AUTHENTICITY

白玉力 著

21 世纪的服装品牌与艺术

FASHION BRANDS AND ART IN THE 21ST CENTURY

化学工业出版社
·北京·

内容提要

在强调真实性的体验经济时代,品牌建设越来越注重在创意和情感层面的投入。与此相应,品牌与艺术的融合日趋频繁,"艺术化"成为品牌转型升级的一种有效模式。服装领域表现得尤为突出:进入21世纪以来的十几年间,服装与艺术处于深度融合的活跃期,并且,涉及品牌远不限于奢侈品领域,而是呈现出显著的扁平化特征。那么,促成这一态势的根源是什么?在今天的时尚产业发展中,艺术扮演了怎样的角色?哗众取宠的噱头或"在碰撞中产生化学反应"是否足以概括?这样一幅生生不息的跨界风景源于艺术的哪些价值?它传递出怎样的营销观念,触动了消费者的哪些敏感地带?其运作机制又具有哪些特征?带着这些问题,本书对服装品牌借助当代艺术所展开的营销行为进行了一次系统而深入的考察分析。

鉴于对"真实"的渴求是消费社会的一项重要特征,而真实与艺术的关系又非常密切,本书将真实性在服装品牌艺术化营销中的意义作为研究的核心。具体来说,笔者以真实理论为基础,兼顾品牌、艺术家和消费者三方角度,对国内外代表性服装品牌进行案例分析和市场调研,就时尚产业与艺术结合的原因、理念、运作机制以及所涉及艺术(及艺术家)的特征展开层层剖析,以此揭示服装时尚如何借助艺术将真实与玩乐、创意、商业融合在一起,营造出一道富于浪漫精神的消费景观。在此基础上,《真实乌托邦:21世纪的服装品牌与艺术》结合国内市场现状,就服装品牌与艺术的结合提出策略性建议。

图书在版编目(CIP)数据

真实乌托邦:21世纪的服装品牌与艺术/白玉力著. —北京:化学工业出版社,2020.4
ISBN 978-7-122-36581-1

Ⅰ.①真… Ⅱ.①白… Ⅲ.①服装-品牌营销-研究 Ⅳ.①F768.3

中国版本图书馆CIP数据核字(2020)第052746号

责任编辑:孙梅戈　　　　　　　　　　装帧设计:王晓宇
责任校对:王　静

出版发行:化学工业出版社(北京市东城区青年湖南街13号　邮政编码100011)
印　　装:中煤(北京)印务有限公司
710mm×1000mm　1/16　印张13¾　字数210千字　2020年8月北京第1版第1次印刷

购书咨询:010-64518888　　　　　　　　售后服务:010-64518899
网　　址:http://www.cip.com.cn
凡购买本书,如有缺损质量问题,本社销售中心负责调换。

定　价:78.00元　　　　　　　　　　　　　　　　　版权所有　违者必究

目录 —— Contents

绪　论　在审美世界中，营造"真实"的乌托邦神话　　001
　　参考文献　/ 008

第一章　当真实成为兜售品　　009
　　第一节　真实的构成——何为真实　/ 010
　　第二节　真实诉求的缘起与商业化　/ 012
　　第三节　艺术与真实　/ 015
　　参考文献　/ 021

第二章　品牌的艺术化：服装与艺术的全方位大融合　　024
　　第一节　服装与艺术的扁平化融合　/ 025
　　第二节　两大跨界主力缔造"葫芦"格局　/ 027
　　第三节　以年轻群体为导向　/ 034
　　参考文献　/ 037

第三章　品牌的艺术化：真实营销与营销真实　　040
　　第一节　非策略性真实营销　/ 043
　　第二节　策略性真实营销　/ 067
　　参考文献　/ 086

第四章　品牌艺术化的机制与类型　　087
　　第一节　多样化的合作类型　/ 088
　　第二节　偷天换日：艺术真实性的魔幻大挪移　/ 095
　　参考文献　/ 100

第五章　艺术化构建品牌真实性的要点　　102
　　第一节　快乐至上　/ 103

第二节 以诚相待 / 105
第三节 故事分享 / 107
第四节 呈现真实的其他途径 / 112
参考文献 / 116

第六章 艺术在品牌构建中的表现特征　　119

第一节 艺术的风格特征 / 120
第二节 亦正亦"谐"：艺术的双重角色 / 124
参考文献 / 127

第七章 消费者对品牌艺术化建设的认知　　128

第一节 对跨界合作的认知与态度 / 129
第二节 消费者的聚焦点——不只是产品 / 135
第三节 FAC消费群体特征 / 141
参考文献 / 145

第八章 品牌艺术化在中国的表现　　150

第一节 国外品牌在中国的表现 / 151
第二节 本土品牌的表现 / 166
参考文献 / 175

第九章 艺术化品牌营销的策略总结与建议　　177

第一节 聚焦艺术中的真实性 / 178
第二节 艺术合伙人选择 / 182
第三节 合作的时间框架 / 195
参考文献 / 198

第十章 品牌艺术化发展的未来展望　　202

参考文献 / 211

后记　　213

致谢　　215

真实乌托邦

21世纪的服装品牌与艺术

绪论

在审美世界中,
营造"真实"的乌托邦神话

> "艺术让触手可及的事物变得具有距离感;它弱化了刺激的具体性,它在我们和物之间竖起一道屏障,如同笼罩远山的美丽的蓝色薄雾。"
>
> ——齐美尔[1]

一、探讨的由来

今天，一个不争的事实是，艺术在商业领域所扮演的角色远不再是博人眼球的花边点缀。服装领域尤其如此：20世纪90年代以来，服装与艺术一直处于深度融合的活跃时代；21世纪之后，两者的融合热度更是一浪高过一浪。涉入品牌远不限于奢侈品领域，而是呈现出显著的扁平化特征。有人将我们所见证的这次大融合称为服装与艺术的第三次大跨界——其他两次分别是1920年代超现实主义时期；1960年代波普艺术时期。[2]

要说时下这次跨界浪潮的领跑者，当首推奢侈品牌路易威登（Louis Vuitton）。路易威登虽然不是第一发起者，但在时尚与艺术的融合历程中具有旗帜性的意义。这个国际一线品牌在2001年与涂鸦艺术家Stephen Sprouse合作推出的涂鸦服饰包袋可以说大大推动了这一浪潮的进程。它在2003年与日本新波普艺术家村上隆（Takashi Murakami）联合设计的风格甜美的包袋更是风靡全球。此后十年间，它又与Richard Prince、草间弥生等众多艺术家联手，开展了多种形式的合作。2017年4月，路易威登与当代艺术家杰夫·昆斯（Jeff Koons）合作推出"Masters"大师系列，重新演绎莫奈、马奈、高更等昔日艺术大师们的代表作。10月，双方再度携手，续写路易威登大师系列。除此之外，路易威登还有很多基于艺术的资助项目。可以说，正是这个品牌在奢侈品领域中引发了一场"当代艺术与奢侈品的跨界浪潮（current art-luxe wave）"。

运动品牌巨鳄阿迪达斯（Adidas）则是运动服饰和街头服饰中的跨界第一军团，与艺术领域频频携手，Adicolor系列、End-to-End项目、I ART X系列、城市艺术家系列、集结原创运动……滑板品牌范斯（Vans）同属这一军团，它不但将艺术视为其品牌核心四元素之一，还在网络上专门开设了艺术频道（Vans art tumblr）来支持与其合作的艺术家。这些例子不过是众多"时尚×艺术"行动的冰山一角。迄今为止，与艺术联盟的品牌已经涵盖高端、高街、大众、小众、时装、运动装、街头装在内的整个时尚产业。而且两者之间的融合方式灵活多样——从产品设计、橱窗陈列到店面设计、活动展览，再到各种艺术资助项目，无所不包。

何以会有这一景象？答案似乎显而易见，比如为产品提供创意、在碰撞中产生化学反应、提升品牌的原创性、为品牌积累文化资本、制造宣传噱头等。这些回答似乎都很有道理，而且涵盖得也很全面。由此来说，再次提起似乎有"多此一举"的嫌疑。实则不然。上面的这些回答虽不能说错，但是过于表面。这些回答并不足以触及本质，更难以用来描述跨界景象的整体特征。如果将以上评论作为答案的全部便是将艺术的营销价值理解得过于笼统，对于时装和艺术跨界联盟这一现象的理解也过于单薄，会低估艺术对于品牌的价值，忽视了艺术化（artification）在当今品牌构建中的重要性。更重要的是，这些回答对于怎么样运用这种策略缺乏实质性帮助。

艺术作为一项重要的表征系统，可以为人们提供一种新鲜视角来理解品牌化成果，尤其在品牌的身份构建以及价值与形象之间的关联这些方面。在这种观念之下，艺术化作为品牌构建的一项重要手段引发学术界和产业界日益广泛的关注，越来越多的专业人士开始相信品牌可以从传统上属于营销范畴之外的艺术及相关理论中获益良多，并着手将艺术作为一种营销策略进行研究。Fillis和Rentschler[3]还立足于艺术的营销价值完成了一本名为《创意营销》的著作，提出如何将创意充分融入到营销实践中。从这一角度说，服装与艺术的融合作为创意营销或者说艺术化营销的重要实践领域非常值得我们的深入考察。这正是本书要完成的主要任务——探究品牌与艺术融合的深层动机。

艺术对品牌的帮助远不止形式层面的创新，不然可能不会出现今天这么大范围的跨界浪潮。它的影响是多方面的，除了视觉形式的创新，还包括人文、道德、价值观等，后面这些精神层面的内涵甚至更为重要。这些对品牌建设至关重要。也就是说，品牌与艺术的结合是为了制造意义，为了满足一种精神诉求。

开篇所举例子还提出一个更加重要的问题：这一跨界是如何进行的？就企业而言，了解艺术对品牌的重要性只是第一步，更重要的是要知道如何将艺术的价值融入自己的价值链中。艺术固然可以为品牌创造价值，但并不是将两者放在一起便会自然产生价值，更不要说品牌还划分为不同类型，而艺术也有不同流派风格。并且，随着"艺术"概念的边界越来越趋于无限，跨界的形式、目的以及由此对于艺术的萃取也越发灵活多样——既可以是出于个人喜好的随性组合，也可以是带有意识形态的观念表达；参与跨界的既可以是职业艺术家，也可以是业余艺术家，甚至还可以是普罗大众。

简言之，跨界涉及的是一个复杂的体系，运作机制灵活而充满弹性，包括涉入品牌的动因，涉入艺术（或艺术家）的特点；目标消费者的消费心理；品牌与艺术的结合方式；不同结合方式对于品牌和消费者的意义等。如果把"品牌×艺术"的跨界（或者说艺术化）作为一项策略来运用，需要有一套科学的数据和理论来作为支撑和判断依据。然而，现实是相关研究严重缺乏——更不必说对其运作机制进行系统分析。而这便是本书要开展的第二项工作。

带着这些问题和目标，本书通过案例分析就服装品牌与艺术的融合行为进行了一次系统性考察和分析。关注的主要问题包括：促成这一态势形成的根源是什么？这样一幅生生不息的跨界风景源于艺术的哪些价值？它传递出怎样的品牌营销观念，触动了消费者的哪些敏感地带？其运作机制又具有哪些特征？与此同时，基于对"真实"（authenticity）的渴求是消费社会一项重要特征，而真实与艺术的关系又非常密切，本书将真实性在服装艺术化营销中的意义作为课题的核心点。更确切地说，本书在这里提出一种观点：服装品牌与艺术的跨界联盟是真实营销的一种方式，是品牌以艺术为桥梁来满足人们（包括消费者和部分经营者）对真实性的渴求。

为了更加清楚地阐述这一观点，笔者以真实理论为基础，兼顾品牌、艺术家和消费者三方角度，对路易威登、Agnes b.、匡威（Converse）、阿迪达斯、范斯等代表性品牌进行案例分析和市场调研，就时尚产业与艺术结合的原因、理念、运作机制以及所涉及艺术（及艺术家）的特征进行抽丝剥茧式的层层分析，以揭示时尚如何借助艺术将真实与玩乐、创意、商业融合在一起，营造出一种富于浪漫精神的消费景观。最后，本书结合国内市场现状，就服装品牌与当代艺术的结合提出策略性建议。

需要指出的是，本书选择从真实性视角来阐释时尚与艺术的融合行为，主要是基于真实性在品牌开展艺术化活动中所展现出的重要地位及其在消费者价值诉求中的重要性——或者说，从真实性视角来解读服装品牌的艺术化营销行为有其重要现实意义。尽管如此，这一视角未必能完全涵盖参与服装与艺术融合实践的品牌和艺术家们所提出的范畴。毕竟，品牌与艺术的融合不仅有着多样的形式，其意图也不一而论，会受到各种有意识、无意识因素的影响，而且合作的动机和目标往往也不止一个。

二、对艺术的划定

无论是追溯历史，还是俯瞰当下，都可以说现代服装与艺术的跨界潮流兴起于西方国家，然后在国际范围盛行开来。基于这一发展轨迹，本书将相关问题的考察置于西方文化语境下，包括艺术风格的划分及特征分析、真实性概念的梳理探讨。

本书讨论的艺术限于视觉艺术范畴——品牌的认知在本质上是依靠视觉的，无论是品牌标识、营销活动、包装还是产品设计，都离不开视觉材料，而视觉艺术作为令人印象深刻的文化参照系统，在打造特色鲜明的品牌形象、吸引注意力和刺激感官方面无疑有其独到魅力。

指明艺术范畴之后，对艺术做进一步的界定并非易事，原因在于：随着社会的发展，艺术的内涵和外延在不断发生变化，20世纪上半叶由达达主义引领的一系列艺术运动（极少艺术、波普艺术、概念艺术等）将艺术的边界无限拓宽；进入20世纪80年代后，当代艺术的特点更是丰富多样，变化莫测，艺术实践在性质上更加多元化，难以归类。[4]

艺术的复杂性和动态特征使得"什么是艺术"这一命题充满争议。长久以来，理论界针对艺术的定义存在多种观点，但均未达成共识，定义艺术几乎成为一项不可能完成的任务，以至于有不少学者声称永远不可能找到一个足以回答艺术具体本质的答案。作为一种补救方式，人们在涉及艺术定义时开始用"谁决定了艺术的地位"这个问题来进行讨论，而不再试图明确能将艺术与其他美学或视觉概念区分开来的根本特征。在这一方面，美学哲学家乔治·迪基[5]提出的制度分析范式很具代表性，主要观点如下：

① 艺术品是一种展示给艺术界公众的人工制品；
② 艺术家是在艺术创作中感知世界的人；

③ 公众是一个群体，其成员在某种程度上能够理解呈现在面前的客体；

④ 艺术世界是所有艺术世界体系的总和；

⑤ 艺术世界体系是一个向艺术世界公众展示由艺术家创作的艺术品的框架。

参照制度分析范式，一件人工制品如果获得有资质的艺术评论人的认可，那么它就可以被视为艺术品。[6]这种界定艺术的方式有两大优点。第一，包罗万象。只要得到艺术界权威人士、机构的认可或授权，任何事物都有可能被归为艺术品，包括涂鸦、街头艺术这类相对年轻、非正统的艺术形式。第二，具有可操作性。一旦就构成制度化艺术世界的高层次范畴达成共识，辨别有权赋予艺术地位的个体机构就相对容易。如此，我们就可以根据这些机构的评论来确定一件人工制品是否可以被归入艺术品范畴。

本书之所以界定艺术是为了给艺术下一个便于操作的实用性定义，以便将FAC（当代服装与艺术的跨界融合Fashion and Art Collaboration）与其他相关概念区分开来，并能够在服装品牌营销范畴理解涉入艺术的特征。故此，这里选择制度分析范式作为艺术及艺术风格划分的参考依据。在此情况下，艺术被视作"一种交流行为，权威机构据此赋予某件人工制品艺术地位"。相应的，"如果一件人工制品被艺术杂志称为艺术，并予以评述，在博物馆展览或者由私人收藏家购买"，那么我们就认为这件制品是艺术品。[7]

鉴于艺术体系变得日益专业化，本书主要参考三类组织的评论来确定考察对象是否可以被视为艺术品，分别是：

① 机构、协会——国家和地方博物馆，私人/民间艺术协会，展览场所和文化中心，艺术基金会，艺术院校，画廊，艺术博览会和拍卖公司；

② 个人——博物馆经理，策展人，艺术赞助人，艺术捐赠人，艺术收藏者以及艺术评论人；

③ 媒体——期刊、专业贸易杂志、报纸以及时尚和生活方式杂志等。

这三类组织的评定普遍受人认可，本研究将其作为评价物品艺术地位的可控指标。在实践层面，这意味着本书要对搜集到的每一条FAC信息中艺术家一方进行核实，确认其作品、活动和个人等是否被以上组织中的某一方所介绍、宣传、收藏或者展示。

具体来说，本书在搜集和核对FAC信息时参照的资料有：

① WGSN资料库——WGSN是面向时尚产业的世界权威在线研究、潮流分析和资讯服务机构，是本书搜集FAC信息（发生于2001～2009年间）的主要样本框架；

② 相关权威艺术资料的描述，由艺术家官方网站获得自传资料，相关品牌的介绍；

③ 由谷歌搜索引擎搜集到的文章（来自杂志、在线画廊等）。这一渠道主要用于调研那些尚未受到学术界关注，同时也没有明确对自己进行界定的艺术家。为了进一步确保艺术风格划分的合理性，本书还考量了相关艺术家举办艺术展览或活动的环境以及其创作参考。比如Geoff McFetridge是"美丽失败者艺术展"（the Beautiful Losers Exhibition）的成员（参展成员主要是受滑板、朋克、涂鸦、嘻哈和DIY观念影响的当代艺术家与街头艺术家）；他曾在由美国地下嘻哈乐队野兽男孩（Beastie Boys）创建的独立期刊《Grand Royal》担任艺术总监；同时，他的主要创作领域是图形设计。基于此，本书将McFetridge归为街头艺术类图案艺术家，列入"街头艺术/涂鸦"一栏。

三、研究范畴及方法

调研的时间范畴

本书的主要关注点是当代服装与艺术的跨界融合。所涉及案例和相关资料主要来自笔者博士及博士后两个阶段的研究，考察的FAC主要发生在2001～2014年。

2001年是FAC的一个重要分水岭。在这一年，路易威登与涂鸦艺术家Stephen Sprouse展开了令时尚界广为关注的跨界合作，之后，它又与日本艺术家村上隆开启了一系列时尚艺术跨界合作。在路易威登的带动下，越来越多的时尚品牌推出了针对小众和大众市场的合作设计（即第三次服装与艺术跨界浪潮的出现）。因此，选择这一阶段可以为本书提供丰富的样本案例。而且，笔者在博士研究阶段搜集的77个相关品牌FAC信息显示，它们中大部分都是从2000年之后开始与艺术进行融合，与本书考察的时间范畴基本一致。

研究方法

本书分两个研究阶段进行，采用了定量和定性两种研究方法，主要包括档案分析、多案例研究、观察法、问卷和访谈调查。在第一阶段，于2007年3月至2009年1月对搜集到的77个品牌的FAC设计进行了特征分析和归纳总结。继而以此为样本库，从中选出合适品牌进行了案例研究和访谈调查。为了能够更加深入地了解消费者对FAC现象的认知度和态度，还自主设计问卷并开展了针对四个品牌的消费群体［阿迪达斯、路易威登、范斯和李维斯（Levi's）］的专题性调研，以及针对普通消费者开展的一般性问卷调查，以了解FAC传播的宽度。问卷调查部分的有效参与对象（即有效问卷）合计超过一千名。第二阶段于2012～2014年开展。以第一阶段的研究结果为导向，立足国内市场，在广泛考察调研后选择七个品牌进行了多案例研究。在两个阶段的研究中，先后考察了近百个相关服饰品牌，并对其中二十多个国内外品牌进行了深度分析，涉及的艺术家超过三百名。

参考文献

[1] Simmel G. Philosophy of Money[M]. translated by Bottomore T, Frisby D. London: Routledge, 2004: 473.

[2] The Moderna Museet Museum. Fashination: art and fashion [EB/OL]. [2009-11-20]. http://www.absolutearts.com/artsnews/2004/09/27/32400.html.

[3] Fillis I, Rentschler R. Creative marketing: an extended metaphor for marketing in a new age[M]. New York: Palgrave Macmillan, 2006.

[4] 罗伯森, 迈克丹尼尔. 当代艺术的主题: 1980年以后的视觉艺术[M]. 匡骁, 译. 南京: 江苏美术出版社, 2010: 14-45.

[5] Dickie G. Art and the aesthetic: an institutional analysis[M]. New York: Cornell University Press, 1974.

[6] Pooler R. The boundaries of modern art [M]. New York: Arena Books, 2013.

[7] Wallach, A. ART: Is It Art? Is It Good? And Who Says So? [EB/OL]. [2018-10-28]. https://www.nytimes.com/1997/10/12/arts/art-is-it-art-is-it-good-and-who-says-so.html.

真 实 乌 托 邦

21世纪的服装品牌与艺术

第一章

当真实成为兜售品

　　无可置疑，这是一个失真的年代。说失真不仅是指工业化的大批量生产复制，还有信任缺失、虚假漫天等令人沮丧的境况。正因如此，这又是一个求真的年代，真诚、自然、纯粹、原创、唯一等品质和相关体验在现代都市生活中变得弥足珍贵。人们希望通过充满真实感的体验经历，可以摘下面具，释放自我——即使是暂时的。这种追求有时是有意的，有时则是无意的。无论哪种情况，人们的言行举止和价值衡量标准都体现出"真"在当今社会中的重要性。本章节将围绕真实的构成、缘起、演变及其与艺术的历史渊源予以阐述。

第一节
真实的构成——何为真实

本书所说的"真实"译自英文"authenticity"一词。"真实"这个概念虽然在哲学、社会学、营销学等领域中被广泛使用，然而其本质特征及界定却一直充满争议。概括来说，对真实的界定包括客观和主观两种理解。一些研究者认为无论是在艺术、考古领域，还是在社科领域，真实可以由一套客观准则来评定，即宣称真实的物品一定要展示出某些真实特性或指标。比如产品真实与否取决于它们是否由当地人以传统方式设计、制作而成。如此，真实被视为物品本身固有的一部分，取决于它与历史时期、产地等因素的联系。[1]与此对立的另一种观点认为，真实并非固有地存在于经由设计而来的物品或活动中，而是一种得到社会认可的建构。[2]换言之，纯粹的真实并不存在，它更多的是一种主观感受和情感需求；它的形成建立在个人的情感、经验和知识之上。[3]这意味着此人眼中的"真"在彼人眼中或许就是"假"。随着相关研究的深入，真实的主观性构建得到学界越来越多人的支持。由此，对真实的界定和解释也便具有了鲜明的多维性。譬如，用于描述真实属性和类型的词汇包括：原创的和策划的[4]；制造的；图像式、索引式和假设的[1]；存在主义的[5]；真诚的[6]；近似的和道德的[7]。

"真实"作为一个统称，具有多层含义，大体可归为两个层面：概念维度——抽象层面；具化维度——呈现/外化形式。[8]在概念方面，关于真实最具代表性的表述有：自然、原创、独特、真诚、自由、自我表现等。其中，原创和自我表现被视为真实的两大关键因素。[9]作为一种活动，原创总是以"有趣的、重要的、富有成效，或其他有价值的方式来创造某些东西"，[10]它对创意至关重要。原创的本质是诚实，[11]而这意味着反叛、越轨——天性使然，人们往往更愿意看到自己与众不同的一面。在某种程度上，真实性意味着对社会规范的对抗——真实与和谐其实是一对矛盾体。原创概念以自由为前提，所谓自由指个体可以通过自由选择、自由行动来塑造自己的动态过程。[12]自由的一种主要形式就是自我实现（self-actualization）的权利，这是所有价值观念的基础。[13]作为一个抽象概念，真实性需要借助一定的形式具化出来，有效方式主要有：手工制作、非商业行为、物品的历史性和最初所寓场所、与特别人物或团体组织的关联、限量制作等。

在不同的语境中，对于真实的诠释也有不同倾向：在产品方面，可能会更多强调原创、独特；在服务方面，诚意和用心更受关注；商贸交易更重视诚信；在游览文化遗址时，关注点可能更多的是此时此地感（在场感）——时间历程和历史见证力；地方风味则追求正宗、纯正；在个人成长方面的理想是忠于自我，表里如一。此外，人们对于真实的理解还与其个人目标相关：与由目标引发的行为一致——所见即所思，一个人的关注点实质上展示的是他/她的理想自我[9,14]，个人见解[5]，学识和期望[15]——及其价值体系和文化定势[16,17]。换言之，真实性的呈现维度带有明显的文化阶层属性。[15]

作为一种社会建构，真实性并非静态存在，而是随时代不断"进化"着。一方面，这意味着，在不同的阶段或时代，人们对于真实的解读倾向也有所不同。比如，在过去，品牌原产地和历史可能更为人们所看重，而今天，诚实则被视作是真实的核心诠释。[18]另一方面，也意味着曾经被视为不真实的，也可能在当下文化情境中被视作真实的。

无论如何，当我们在使用"真实性"这个词的时候，在很大程度上，传达的是对于正统性、纯粹性的捍卫和炫耀，是一种在血统出身和历史文脉等方面的优越感。在此，真实性代表的是一种价值和态度，是基于品质之上的赞美。利波维茨基从怀旧维度对真实的评价有助于我们进一步理解追求真实的意义所在："它体现出个人对生活质量的要求，对舒适超级现代文化的热烈渴求，这些都与更具质量和感官效果、更具审美和文化价值的标准分不开。"[19]

第一章　当真实成为兜售品

第二节
真实诉求的缘起与商业化

从时间上说,人们对于真实的诉求可以追溯至17世纪——彼时生产和消费刚刚步入现代化早期。[20]自那时起,关注真诚、去除虚伪和做作便成为欧洲社会道德生活范畴的中心议题。[2]进入18世纪后,随着身份识别(human authentication)问题进入哲学家的讨论范畴,真实开始成为哲学中浓厚的主观主义的一部分。真诚、良心被用来描述忠于自我的思想,真实成为检验自我忠实程度的一把尺子。[21]虽然真实诉求及相关问题的探讨始于17世纪,但是这一诉求在消费社会中的大规模出现要归于20世纪60年代美国年轻人发起的反文化运动(counterculture movement)。

一、1960年代反文化运动与真实诉求

焦虑(malaise)是现代性的整体特征。早在20世纪20、30年代的美国,人们面对现代机构的不断扩张以及新型生活方式的出现就已经开始忧心忡忡。[22]第二次世界大战后,随着大众市场的胜利,焦虑问题在社会上表现得越发严重,人们不再简单地哀叹传统社会关联的失落,而是陷入现代大众化进程吞噬掉个性的焦虑中。此时的个体从追求精神目标转向其他更为直接的行为,追求"团体"感和跟风开始成为新的追求方向。商品选择正确与否的标准在于它在展示个人地位以及保持或提高个人的社会地位方面的价值。由此产生的结果是品味和风格的标准化,而这消除了多元性,使家庭生活变得同质化,人们选择的东西越来越相近。[23,24]正是在这样一种社会背景下,出现了由青年人发起的反文化运动。

反文化运动的主要目标是"解放",讨伐的对象包括不断扩张的公司、大政府、千篇一律的郊区、循规蹈矩的组织者和大众社会。年轻人以集会方式反对其父母一辈的生活方式,他们认为被社会所推崇的核心家庭和努力工作的价值观、责任、情感控制以及礼貌意味着过多的顺从,这会扼杀创造力

和真实生活方式。[25]不同于父辈所追求的自我控制，这一代的年轻人渴望自我实现，认为私人和公众生活必须摆脱消费的约束、当局的控制，消除高雅与低俗文化、个人和公众之间的虚假和受压制的区分。按照他们的主张，大众消费所提供的统一和虚假需求应该由一种"美好生活"取而代之，这种生活尊重异质和差别，尊重个人以其内心渴求为导向的认真追求。[24]年轻人拒绝大众社会对身份的传统认识，力争自主建构自我的权利，表达的正是对于真实的诉求。换言之，对于真实的渴望在很大程度上解释了20世纪60年代反文化运动兴起的原因。[23]

二、体验社会与真实

20世纪60年代反文化运动在热衷于追求真实的同时，还催生了体验社会（experiential society）——继第二次世界大战后首个十年为标志的丰裕社会之后出现[24]，这使得真实与享乐主义绑定在一起。

享乐主义是将追求愉悦视作道德原则的精神哲学。英国哲学家杰里米·边沁（Jeremy Bentham）[26]的实用主义将享乐主义哲学看作一种现代哲学取向。从实用主义视角看，享乐主义者关注的是如何以及在何处能够以尽可能轻松的方式将快乐（pleasure）最大化。这种观念为享乐主义者蒙上一层消极色彩，他们被认为是热衷于追求感官欲望满足的群体，非常肤浅、自私自利，对社会和政治问题漠不关心。直到最近，这种在某种程度上遭到曲解的享乐主义形象才得以重新定义，心理学研究开始关注快乐和主观幸福感对缓解生活消极层面的重要作用。[27]

在体验消费中，快乐和愉悦诉求变得"合法化"，成为一种正当需求——即便这种快乐带有明显的商业气息。自20世纪60年代以来，市场提供的商品不再限于满足人们的社会野心和外观需求，还延伸到提升内心愉悦的满足感。这种满足感的获得不是靠拥有或累加同一产品或同类产品，而是靠体验产品以新鲜方式将隐藏在社会面具下的真实自己展现出来——这也展示了消费在自我身份构建方面所发挥的作用。[28]在这种驱动之下，体验经济中的消费者越发渴望参与那些能够展现他们的个性、令他们毕生难忘的活动。可以说，真实已经成为消费者购买决策的核心因素，它甚至比质量更受关注，正如人们曾经对质量的关注胜过费用，对费用的重视胜过实用。[29] 值得注意的是，由愉悦激发的消费模式热衷于追求独特的体验，喜欢越轨，偏离日常生活，因为这种经验可以带来身体上的兴奋或者放松，进而会让人进入狂喜或冥想的情绪。不过，从社会层面看，这种行为容易产生不稳定结果。[24]这也解释了前面所说过的，真实与和谐天生是一对矛盾。

在这种消费文化中，个性、自我表现和风格化自我意识备受推崇，而且年龄和阶级出身不再重要，每个人都有自我改善和自我表现的空间。"这是一个无论男女都渴求新鲜、新奇体验的世界，人们充满冒险精神，勇于探求生活的每一种可能，人们意识到每个人都只能活一次，因此必须要奋力去享受，去感受，去展现。"[30]年轻人尤其敏感。在商业营销浸淫下长大的他们，渴望真实的事物——"原生态的、未经测验的、未计划的、无伪装的、低调含蓄的；强烈排斥商业机构以及大众营销者的宣传口号"[31]。

概而言之，真实诉求出现的原因及特点可作如下概括：真实诉求是现代化进程的产物之一。更准确地说，真实是伴随着现代化进程中出现的副作用而出现的一种精神诉求。这种副作用就是焦虑——现代人普遍遭遇的一种境遇。而20世纪60年代，西方社会财富的剧增和第二次世界大战后青年一代的长成进一步强化了对于真实的追求，并催生了体验社会的形成。其结果是，当代消费群体的真实诉求表现出浓厚的享乐主义色彩。

其实，真实与愉悦情感并非简单的因果关系：真实会引发积极情感的产生；反之，情感也可以促成真实的形成——积极的情感会引发人们产生自动、无意识的行为，消极情感则使行为举止具有规范、受控性特征。故此，真实与愉悦如同一枚硬币的两面，彼此既是因又是果。

三、真实品牌时代的来临

作为对新型消费文化的响应，后现代品牌构建应运而生。反文化追求文化性实验和自由，排斥企业及其营销行为。这意味着，品牌要融入后现代消费文化，就必须展示出它们是自主表现的最有效空间。如赫特所说，在这样的情况下，品牌如果可以占有缔造真实的文化源头便会更有价值；而要做到真实，品牌可以将自己与一些特殊群体联系在一起——这种群体的行为是受其内在价值观念驱动，而非经济利益。[32]这种关联有助于品牌建构一个超越商业利益之上的形象。如今，很多品牌的成功就在于它们停止直接推广大众或现代生活方式，转而承认消费者的权威性。这一点在青年消费市场上表现得尤其明显。[23]

当真实以营销策略的面貌存在时是可以被伪造的——以实现品牌构建和吸引消费者的目的。事实上，这种方法已经被广泛使用。[33]也就是说，品牌可以通过建构真实来满足消费者对真实的渴望。这意味着，消费者所感知的品牌真实性实际上是真实形象或者说真实印象，未必是真正的真实。借助精心设计的品牌项目来打造真实对于新品牌是一种很有效的策略。如Fine所指出的，真实政治可以胜过"传统的地位结构"，并能够将价值赋予那些社会和文化资本极为薄弱的品牌。[34]

第三节
艺术与真实

前面已经说到，真实具有多重表现形式，能够表现出其中的一种或两种就会给人以真实的印象。同理，真实营销也有多种表现方式。其核心导向是：淡化商业性、功利性和虚假成分，强调品牌行为的自发性；将真诚、友善、信誉、责任、独特、创新、道德、意义等美好品质纳入价值体系。所谓"多点真诚，少点套路"。

在品牌用来打造真实形象的多种途径中，一个重要途径就是与具有特殊禀赋/才能的社会群体（比如艺术家）联系在一起——这种群体的特征是：行事准则是出于自身内在想法或者说价值观念的驱动，而不是为了获取经济利益（经济利益更像是一种附属产品）。和这样一种群体建立关联的好处是能够帮助品牌建构一个没有那么商业化的品牌形象。其中一种行之有效的方法便是借用艺术——也就是说，艺术成为品牌塑造真实形象的重要手段。艺术的这种效用在很大程度上要归于它与真实性的密切关联：真实体验需要诉诸感官和直觉，并且与价值观和意义密切相关。就此来说，艺术因其在表达和创意上所具有的情绪感染力，而与真实之间有着天然的关联。[29]在西方文化中，艺术家自从19世纪浪漫主义运动以来已经作为真实典范而存在，[20]并与"波西米亚人（Bohemian）"一词联系在一起。

一、风骨浪漫的波西米亚艺术家

浪漫主义的源头可以追溯到18世纪，在19世纪前几十年更占据了西方思想潮流的统治地位。1830年的七月革命将资产阶级的立宪君主路易-菲利普一世送上王位，国王最初还许诺政治会变得更民主。即便如此，新政权也只是为资产阶级中最强有力的团体谋利益。激进分子和共和主义者曾为把查尔斯十世赶下台而血战街垒，他们痛苦地失望了。这种幻灭感不仅见于政治，也见于艺术界。"普遍的幻灭感表现在抛弃政治热情，转向以浪漫主义所有哥特式的行头来装饰的病态的自省，包括骷髅头、月光下的坟场、中世纪的城堡和荒野的景色。逃避和绝望的情绪使人们真心实意地崇拜自杀。"[35]

（一）浪漫风骨

浪漫主义的一个非常重要的因素是其认识论：这是一种情感直觉主义，它在根本上是对实用主义、理性主义和唯物主义等现代观念的一种冲击，[36]强调变化、多样性、个体性和想象力[37]。在这一思潮下，艺术的范畴和价值观发生重大变化。"好的或伟大的艺术的范围被拓宽，将这样一些作品包括在内，这些作品在形式上的相对放松被认为由个人情感的更具刺激性和更加个人化的展现所抵消。艺术生产逐渐被构想成本质上是一种自我表现的动作；而批评家们，随着时间的推移，越来越关心艺术家的真诚性，关心他们传记的细节，关心他们的内在精神生活。"[36]浪漫主义者追求"做一个真实地表达自我的个体并且真实地对待自己，关心真实性和真诚的与自然的自我"[37]。这种主张对艺术产生了根本性的影响。一方面，它推动了文学和艺术王国的确立和构建，赋予了艺术家新的含义和角色；另一方面，它与当时的环境一起将艺术家置于矛盾境地，催生出影响深远的波西米亚型艺术家。

在这个新的艺术王国中，艺术被视为是独一无二的，有创造力的艺术家的独创。艺术家的天职是认识自我以及自己独特的视角，而不是表达社会上天经地义的信念。艺术家获得了优越于他人的神圣使命感和特殊禀赋感：席勒将艺术家视作"世俗社会中高尚的传教士"，他们如同国王，"活在人类的顶峰上，掌握着人类的尊严"；其思想继承者谢林也提出，艺术家的创作能"使人意识到本质的东西、普遍的东西，大自然内在精神的表现"[38]。如果在画廊或者美术馆现场欣赏艺术作品时，更容易感受到这种情绪气息。可以说，长久以来，艺术家给人的印象是不虚伪、不做作、有坚守、有胆识。从此之后，艺术家在这条求真的路上，越走越远。随着体制的转变，他们的谋生方式也发生根本的转变，最后更进化成放荡不羁、放浪形骸形象的浪子狂人——符号性的。

（二）不羁狂人

在"美好昔日"，没有哪位艺术家需要自问他究竟是为什么才来到这个世界。他的工作也像任何其他职业一样，多少有个定义——经常有需要画家去绘制的祭坛画和肖像画；人们替他们的客厅购买图画或要订做装潢别墅的壁画。艺术家在执行这些任务时，可或多或少地按照预先指定的路线去进行，他交出的全是顾客所期盼的货品，他的生活多少都有保障。而19世纪的艺术家所失落的正是这种安全感，生存方式发生巨变。

随着法国资产阶级大革命的胜利和工业化时代的来临，崛起的资产阶级解散了古老的行会式组织，摧毁了在旧政权中扶持艺术创作的体制。艺术领域的自由市场之路从此敞开了，市场关系替代了赞助人制度。如此，艺术家固然不用再依赖于权贵或富人（从而得以建立一个自主的艺术王国），但是，他们也不再有确定的观众，这意味着艺术家必须要揣测未知观众（资产阶级）的品味，而不是执行赞助人所明示的愿望。这种情况使文化生产和消费的圈子发生转换，艺术家在感觉自己的位置提升之余，也变得不安全起来。[39] 传统的打破，为他们展现了一个无可限量的选择范畴，但是选择幅度越大，艺术家与顾客的喜好就越难以吻合。从前，艺术家很容易迎合这个要求，因为那时的作品虽然在艺术特征上有很大的不同，但是同一时代的作品总有许多方面是相似的。但现在此种传统的一致性已经消失了，艺术家与主顾间的关系常常是紧张的。主顾的嗜好有固定的模式，而艺术家却没有去感受它并满足此要求。如果他为了金钱而如此做的话，他会觉得是在让步，因而丧失自尊心，也得不到别人的尊重。但若他决定只追随个人的心声，而拒绝一切无法与其艺术观协调的委托工作，那么他又陷入饥饿困境。更糟的是，工业革命的爆发与技艺的衰微，欠缺传统的新中产阶级的兴起，以及冒充艺术的廉价赝品的出产，都促成了大众趣味堕落的现象。也就是说，为了将艺术品卖出去，艺术家甚至要取悦那些"没眼力"的新贵。

这样一来，艺术家和资产阶级的"粗人"就对立起来了：在艺术家眼里，这些"愚钝、没有鉴赏力"的粗人认为艺术是地位的象征，是展示财富而不是体现格调的机会。在成功的商人眼中，一位艺术家并不比一个拿不诚实的作品向人索求荒唐价格的骗子好多少。在这种情况下，艺术家与群众的对立更加突出，彼此之间互不信任。

这种对立产生了一个悖论：艺术家的成功就是失败。艺术家渴望成名，得到人们承认，但是他又相信新观众毫无品味，那么，艺术家取得成功，肯定是向资产阶级的庸俗品味投降了。同理，不能取悦资产阶级大众显然就是艺术家有独创性、有天才的最可靠的证明。艺术家开始自认是一个与众不同的种族。在这种情况下，艺术首度真正成为表现自我的最佳媒介。

从这一时期起，波西米亚人用于指代"有才华的艺术家"。波西米亚一词源自吉卜赛群体——由浪荡子、骗子、乞丐、流浪汉组成，之所以称为波西米亚是因为他们声称自己来自波西米亚一带。波西米亚人的核心特征包括：叛逆、放纵、行为怪异、衣着扎眼、怀旧，而且往往穷困潦倒。[40]最初用这个名字指代贫穷艺术家的是新闻记者费利克斯·皮亚，他在1834年写道：青年艺术家狂热地梦想生活在其他时代，他们特立独行，追求心灵自由和不羁流浪；他们奇异古怪，超出了法律和社会规范；他们就是今日的波西米亚人。[35]将艺术家贴上波西米亚人的标签反映了他们所处的矛盾境地：艺术家的优越感和他们对俗世成功的心态，同时也表明了艺术家模糊的地位。

可以说，正是从19世纪法国大革命以来，艺术开创了一个新的境界，"艺术"这个字眼对我们产生了一个不同的意义。[35]自此，艺术家的象征性角色变得更加重要，他们代表了"工业化时代艺术创作的变化无常"，他们的生活就是"对当代社会、政治和道德价值的全盘批判"[40]。这是一种与众不同的生活方式，即所谓的波西米亚生活方式（或者说放浪不羁的生活方式）。这些特别具备真情的艺术家扮演着叛逆者的角色，他们处于社会边缘，却勇于挑战，抵制世俗规范，他们注重情感和享乐，热衷于探寻真理和原创。[41]他们率先向观众真实地展现自己，尝试有意识地在作品中表现自己，并将精神融入其中，他们的创作不是为了商业目的，而是为了表现他们的主观意识。[42]这让他们在某种程度上对人生有了深刻的洞察，成为对所处世界敏感至极的评论员。[43]这种个性鲜明的形象让艺术家顺理成章地成为真实性的典范[23]——对艺术有着狂热的执着，对世故毫不妥协（图1-1）。

图1-1 格里科特：美杜莎之筏，1819年，巴黎卢浮宫

二、大众化波西米亚

20世纪60年代以来，高雅艺术和低俗艺术的藩篱土崩瓦解，艺术可以出现在任何地方，可以是任何东西；日常物品堂而皇之地进入展览馆，简易材料和垃圾正大光明地用于艺术创作。[30,44]按照威尔逊的观点，这种景象代表的是19世纪中期波西米亚艺术家情趣的回潮，[45]它的形成与青年反文化

运动密不可分——在这场运动中，年轻人把艺术搬出了正规画廊，把日常物品视为艺术，从而让每个人都有机会成为艺术家，人人都成了波西米亚人。前面已经讨论到，反文化运动是人们真实诉求的反映。因此可以说，在体验社会中，随着艺术逐渐融入日常生活，成为人们表达感受、表现自我的重要方式，真实诉求、享乐主义和审美体验三者便重叠在一起。

不可否认，此时的艺术家和过去相比已经有了很大的变化，他们不再是"资产阶级社会反对派"的形象，很多艺术家对于消费文化的态度越来越开放，而且也不再排斥与其他文化媒介及企业合作。[30]虽然如此，因为对于原创和自我表现的长久坚持，以及真实光环的长久加持，艺术家在意识形态方面仍然是具有重要影响力的象征性人物，处于现代社会、政治和精神价值的对立面。而且，艺术家一直以来都继续坚守着对于真实的追求，无论创造的是美好的还是丑陋的，他都在诚实地向人们展现自己。[29,43]当代艺术其实也并没有放弃它一贯的对抗性的锋芒，仍然可以像过去一样桀骜不驯、大胆无畏、嘲弄谐谑。[46]即使是面对敏感的名利问题，这个群体也并不掩饰。如村上隆所言："沃霍尔本来就是个容易理解的人物，他是欲望的结晶，并没有想什么太复杂的事情，因为觉得秃头很丢脸，所以戴假发；因为从事艺术可以得到尊敬等，这些很低俗的欲望总和，就是他的艺术活动……而我（村上隆）的欲望非常清楚——我想改变自己没有活着的实感这件事情。如果没有根源于强烈欲望的活动，就不会产生出通用于世界的强大价值。"[47]

无论怎样，艺术家的波西米亚式生活方式对那些喜欢将生活方式与文化结合的人们仍然具有难以抗拒的吸引力。[30]

三、艺术灵光抗衡机械复制

不同于商品，艺术的核心准则在于它的非物质层面，比如意义、伦理道德、独特性、审美优势、区隔等。[48]而这些品质不会因为大众化分销而被稀释，因为人们并不是通过物品的原材料来评判它们，而主要是基于艺术家的独特和权威，以及有关他们的生活故事和成功经历的叙事手法。[34,49]这意味着，艺术作品和机械复制并非不可兼容。或许有人会发现，这种观点和本雅明的著名的"灵光"（Aura）理论相悖[50]——这一理论与真实性的呈现高度相关。对本雅明来说，正是原创物品的展现及其物理性所在形成了它的灵光。换言之，灵光会因为复制品的生产而消失。该如何看待这一冲突？如同Postrel所言，本雅明对灵光（以及真实性）的界定是建立在有关时间和空间的客观原则上。[9]然而，在实际情况中，影响灵光形成的因素并不仅仅限于原初的艺术品，而是涵盖了很多方面，比如创作者的独特性、顾客的评价、媒体关系以及营销策略。[9,49]而且，很多时候，机械复制不仅不会破坏超凡的灵光，甚至还能提升作品和艺术家自身的价值，因为它在与创意营销策略相结合运用时能够提升艺术灵光的可见度。[49]可以说，正是艺术/艺术家的这种特征对品牌具有致命吸引力——他们的创造力、执着精神、坚守自我、敢于冒险犯难的胆识等，让品牌如此热衷于和艺术建立联盟。

参考文献

[1] Grayson K, Martinec R. Consumer perceptions of iconicity and indexicality and their influence on assessments of authentic market offerings [J]. Journal of Consumer Research, 2004, 9(31): 296-312.

[2] Jones S. Negotiating authentic objects and authentic selves: beyond the deconstruction of authenticity [J]. Journal of Material Culture, 2010, 15(2): 181-203.

[3] Cohen E. Authenticity and commoditization in tourism [J]. Annals of Tourism Research, 1988, 15: 371-386.

[4] MacCannell D. Staged authenticity: arrangements of social space in tourist settings [J]. American Journal of Sociology, 1973, 79(3): 589-603.

[5] Wang N. Rethinking authenticity in tourism experience[J]. Annals of Tourism Research, 1999, 26 (2): 349-370.

[6] Beverland M. The "real" thing: branding authenticity in the luxury wine trade [J]. Journal of Business Research, 2006, 59: 251-258.

[7] Leigh T W, Peters C, Shelton J. The consumer quest for authenticity: The multiplicity of meanings within the MG subculture of consumption [J]. Journal of the Academy of Marketing Science, 2006, 34(4): 481-493.

[8] Bai Y L. Fashion design and art collaborations: an investigation of the collaborations between fashion designers/brands and artists [D]. Hongkong: The Hong Kong Polytechnic University, 2010.

[9] Postrel V. The substance of style: how the rise of aesthetic value is remaking commerce, culture & consciousness [M]. New York: HarperCollins Publishers, 2003.

[10] Tomas V. Creativity in art [M]//Kennick E. Art and Philosophy. New York: St.

Martin's Press, 1964: 286.
- [11] Robinson M E. Originality [J]. International Journal of Ethics, 1902, 12 (4): 417-437.
- [12] D'Anjou P. An ethics of authenticity in the client-designer relationship [J]. The Design Journal, 2011, 14(1): 28-44.
- [13] Khatchadourian H. Artistic freedom and social control [J]. Journal of Aesthetic Education, 1978, 12 (1): 23-32.
- [14] Cohen E. Authenticity and commoditization in Tourism [J]. Annals of Tourism Research, 1988, 15: 371-86.
- [15] Holt D B. Does cultural capital structure American consumption? [J]. Journal of consumer research, 1998, 25: 1-25.
- [16] Bruner E M. Abraham Lincoln as authentic reproduction: A critique of postmodernism [J]. American Anthropologist, 1994, 96(2): 397-415.
- [17] Rose R L, Stacy L W. Paradox and the consumption of authenticity through reality television[J]. Journal of Consumer Research, 2005, 9(32): 284-296.
- [18] Van Der Bergh J, Behrer M. How cool brands stay hot [M]. London: Koganpage, 2013: 138.
- [19] 利波维茨基. 超级现代时间[M]. 谢强, 译. 北京: 中国人民大学出版社, 2005: 86.
- [20] Trilling L. Sincerity and authenticity [M]. Oxford: Oxford University Press, 1972.
- [21] Taylor C. The ethics of authenticity [M]. Cambridge: Harvard University Press, 1991.
- [22] Marchand R. Advertising and the American dream [M]. Berkeley: University of California Press, 1986.
- [23] Botterill J. Cowboys, outlaws and artists: The rhetoric of authenticity and contemporary jeans and sneaker advertisements [J]. Journal of Consumer Culture, 2007, 7(1): 105-125.
- [24] Jantzen C, Fitchett J, Østergaard P, et al. Just for fun? The emotional regime of experiential consumption [J]. Marketing Theory, 2012: 6, 8-9, 14.
- [25] Frank T. The conquest of cool: business culture, counterculture, and the rise of hip consumerism [M]. Chicago: University of Chicago Press, 1997: 51.
- [26] Bentham J. An introduction to the principles of morals and legislation [M]. New York: Dover, 2007.
- [27] Huppert F A, Baylis N, Keverne B, et al. The science of well-being [M]. Oxford: Oxford University Press, 2005.
- [28] Jantzen C, Fitchett J, Østergaard P, et al. Just for fun? The emotional regime of experiential consumption [J]. Marketing Theory, 2012: 9.
- [29] Gilmore J, Pine J. Using art to render authenticity in business [M].//Beyond experience: culture, consumer & brand. UK: Arts & Business, 2009: 15, 66.
- [30] Featherstone M. Consumer culture and postmodernism [M]. Los Angels: Sage Publications, 2007: 84.
- [31] Beverland M, Ewing M. Slowing the adoption and diffusion process to enhance brand repositioning: The consumer driven repositioning of Dunlop Volley [J].

[32] Holt D B. Why do brands cause trouble? A dialectical theory of consumer culture and brand [J]. Journal of Consumer Research, 2002, 26: 70-90.

[33] Beverland M B. Crafting brand authenticity: The case of luxury wines [J]. Journal of Management Studies, 2005, 42(5): 1003-1029.

[34] Fine G A. Crafting authenticity: The validation of identity in self-taught art [J]. Theory and Society, 2003, 32(2): 153-180.

[35] 威尔逊. 波西米亚: 迷人的放逐 [M]. 杜冬冬, 施依秀, 李莉, 译. 南京: 译林出版社, 2009.

[36] 比厄斯利. 西方美学简史 [M]. 高建平, 译. 北京: 北京大学出版社, 2006: 219, 248.

[37] 恩特韦斯特尔. 时髦的身体: 时尚、衣着和现代社会理论 [M]. 郜元宝, 译. 桂林: 广西师范大学出版社, 2005: 142, 166.

[38] 佩夫斯纳. 现代设计的先驱者——从威廉. 莫里斯到格罗皮乌斯 [M]. 王申祜, 译. 北京: 中国建筑工业出版社, 2004: 3.

[39] Grana C. Modernity and its discontents: French society and the French man of letters in the nineteenth century [M]. New York: Harper Row, 1967: 257.

[40] Wilson E. Bohemians: The glamorous outcasts [M]. London: Rutgers University Press, 2000.

[41] Pontbriand C, Asselin O(Interviewers), Shusterman R (Interviewee). Parachute: Art and Self-Fashioning [EB/OL]. [1999]. http://www.artsandletters.fau.edu/humanitieschair/parachute.html.

[42] Abbing H. The autonomous artist still rules the world of culture [EB/OL]. [2005]. http://www.hansabbing.nl/DOCeconomist/Autonomous%20artist%20still%20rule%20-%20publicized%20version.pdf.

[43] Meamber L. A. Artist becomes/becoming artistic: The artist as producer-consumer [J]. Advances in Consumer Research, 2000, 27(1): 44-49.

[44] Batschmann O. The artist in the modern world: The conflict between market and self-expression [M]. Cologne: Dumont Buchverlag, 1997.

[45] Wilson E. The Bohemianization of Mass Culture [J]. International Journal of Cultural Studies 1999, 2(1): 11-32.

[46] Brown S, Patterson A. Imagine marketing: Art, aesthetics and the Avant-Garde [M]. London: Routledge, 2000.

[47] 村上隆. 艺术创业论 [M]. 杨明绮, 译. 台北: 商周出版社, 2007: 100.

[48] Kapferer J N. The Artification of Luxury: From Artisans to Artists [J]. Business Horizons, 2014, 57(3): 371-380.

[49] Fillis I. The Production and Consumption Activities Relating to the Celebrity Artist [J]. Journal of Marketing Management, 2015, 31: 650-655.

[50] Benjamin W. The Work of Art in the Age of Mechanical Reproduction [M]// Illuminations: Essays and Reflections. London: Jonathan Cape, 1970/1936: 219-253.

第二章

品牌的艺术化：
服装与艺术的全方位大融合

　　笔者在研究第一阶段（2007年3月～2009年1月）对搜集到的77个相关品牌及其FAC设计进行了特征分析和归类。进而以此为样本库，从中选出代表性品牌进行了案例研究和访谈调查。本章节内容讨论围绕该阶段的调研发现展开。

第一节
服装与艺术的扁平化融合

一、品牌分类

本书将所收集的品牌分为三大服装类型:高端时尚服装(high fashion);成衣及服饰品(ready-to-wear & accessories,简称RTW);休闲装及服饰品(casual wear & accessories)。休闲装包括四个分类:运动装、街头服装、牛仔装及其他(见图2-1)。对类型界定有几点说明。高端时尚服装品牌的划分依据了以下条件:第一,已经获得一定国际地位,在主要时装都市举办过大型时装秀;第二,在时装设计领域已经成立了两年以上;第三,经营有自己的品牌[1];第四,与此同时,这一类别包括奢侈品牌(比如Bill Amberg)。采用成衣概念是为了与高端服装区分开来:这一类别的品牌包括男女装,其经营重点主要在地区性市场,而且在重要时装都市没有参加过大型时装秀。

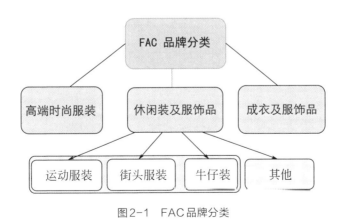

图2-1 FAC品牌分类

这里所说街头服装译自"Streetwear",一种植根于富于年轻气息的都市审美观之上的亚文化服饰,源于20世纪60～70年代的美国,自20世纪80年代开始在青年群体中广泛流行开来。街头服装借鉴了大量的工装、运动装元素,具有鲜明的运动风格,以T恤、牛仔裤及运动鞋最具代表性。虽然这种服装样式起源于美国,但在后来的发展中,日本、英国、澳大利亚等国家的年轻人为这种潮流注入了各自的文化元素。基于街头服装、运动装和牛仔装与年轻世界紧密相连,本书将这三种服装品牌类别统一归入"青年品牌"(youth brands)名下。

二、服装与艺术融合的格局分布

从调研结果看,当今FAC呈现出明显的扁平化跨界特征,即没有明显的等级差异。这主要表现在三个方面。第一,多样化的品牌类别和层次。所有的品牌类型都积极参与其中,包括高端服装、成衣和休闲装;既有高端市场,也有大众市场,比如路易威登、珑骧(Longchamp)、阿迪达斯和盖璞(Gap)。第二,多样化的品牌背景。涉入品牌既有历史悠久的老品牌(如路易威登始于1854,李维斯始于1973,阿迪达斯始于1926),也有品牌历史较短的年轻品牌(如创建于1998年的Sixpack France),既有国际品牌也有本土品牌,既有定位于大众市场的,也有为小众服务的。第三,FAC产品展示出一个宽泛的价格谱系——从低至百元内到高至数万元甚至更多。这让每个消费阶层的人们都有机会参与到FAC跨界景观中。如果一些特别产品如路易威登的奢侈手袋价格高昂难以承受,那么人们可以在盖璞或优衣库(Uniqlo)这些价格亲民的店里选购FAC产品。

FAC描绘出当今时尚品牌伴随着主流运动品牌与高端品牌的跨界景象(如设计师组合Viktor & Rolf与新秀丽的黑标系列合作设计的行李箱,Alexander McQueen与彪马合作的运动时尚系列)所出现的日益模糊的界限,包括品牌的多样性及艺术家的流动性——比如村上隆与路易威登及范斯都有合作。

第二节
两大跨界主力缔造"葫芦"格局

说FAC表现出扁平化特征,主要是就参与品牌的多样性而言,并非说与艺术的合作力度也是扁平的——这当然不可能。高端品牌和街头品牌这两类,它们与艺术的融合在规模上可以说实力悬殊。而且,扁平化也并不意味着参与品牌在类别上是平均分布的。实际上,据调研结果来看,青年品牌和高端品牌是此次FAC潮流的两大主要力量:在所搜集的77个品牌中分别占有55%和20%的比例。如表2-1所示,在几种品牌类型中,青年品牌范畴中的街头服装品牌和运动装品牌的比例都超过23%;高端时尚品牌以19.5%的比例位居第二位。可以说,正是这些品牌引领了今天时尚世界的艺术化风景。

表2-1 FAC品牌分类

品牌分类		数量	比例
高端时尚		15	19.5%
成衣及配饰		10	13%
休闲装及配饰	街头装	18	23.4%
	运动装	18	23.4%
	牛仔装	6	7.8%
	其他	10	13%
合计		77	100%

一、葫芦形格局

根据这些数据,FAC景象可以用图2-2葫芦造型来描述:青年品牌处于葫芦底端的最大部位,高端时尚品牌构成上端的较小球部,而其他品牌(比如盖璞和H&M)则位于腰部——上下部位的连接位置。

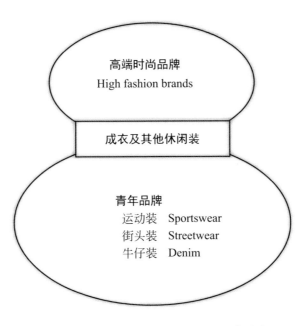

图2-2 FAC葫芦形格局——"自下而上"路线

二、高端服装品牌与艺术

高端时尚品牌占据核心地位不足为怪。回顾历史，时尚与艺术的关联传统上更多是高端时尚界或者说高级时装领域的事情。譬如说，20世纪初巴黎设计师Paul Poiret与Dufy的合作，[2]1930年代意大利设计师Elsa Schiaparelli与Christian Berard、Jean-Michel Frank、萨尔瓦多·达利、让·考克多等超现实主义艺术家的系列合作[3]。

又或者20世纪80年代以来更加接近当下的设计师，他们与艺术的亲近既体现在其设计的美学和创意价值中，也体现在作品于博物馆或画廊等机构中的展示。伊夫·圣·洛朗深受毕加索、马蒂斯、安迪·沃霍尔、蒙德里安等艺术家的启发。在已故服装艺术评论人、策展人查理·马丁看来，圣·洛朗的时装具有艺术般的价值。他通过将蒙德里安的作品用作那个年代流行的平面的范式促使人们从二维视角来看待他所设计的服装。[4]1983年，圣·洛朗在大都会艺术博物馆举办了他的25年回顾展。这次展览非常具有开创性和突破性意义,因为在这之前,博物馆传统上是用来展示艺术作品或者历史服装,而非当下时装。[2]这场展览瞬间引爆了关于时尚是否是艺术的争论[5],将时尚郑重与艺术联系在一起。通过置于同艺术一样的语境,时尚象征性地提升至艺术的位置,被正式承认为一种"有价值的文化表现形式"。[2]三宅一生,这位拒绝被归入服装设计师的设计师[6]是通过系列出版物和展览来记录其作品及创意的首批服装设计师之一。[7]他的重要项目包括其第一本书《Issey Miyake: East Meets West》及一系列始于20世纪80年代

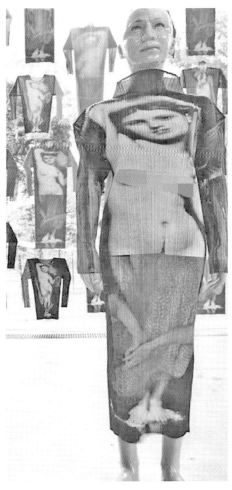

图2-3 森村的玩偶,森村太昌（Yasumasa Morimua）于1998年为三宅一生所做的Pleats Please系列设计

图2-4 2000年秋冬作品Afterwords,侯赛因·沙拉扬设计

的合作作品（图2-3）。1998～2000年，三宅一生展出了他最为著名的装置作品，名为"Issey Miyake：Making Things"，分别在巴黎的卡地亚当代艺术基金会画廊、纽约的the Ace Gallery以及东京现代美术馆展出。[7]对于侯赛因·沙拉杨（Hussein Chalayan），概念如同服装一样重要。他的设计经常处于商业与概念范畴之间[8]，被视为与前卫艺术具有相同的根脉[9]。而且，与传统的T台走秀相比，沙拉杨的服装展示更像表演艺术或者装置艺术。[9]代表性的例子是他2000年的Afterwords系列（图2-4）。这是一个难民主题，反映的理念是"隐藏和掩饰宝贵的财产，或者带它远走高飞"。

可以说，无论是严谨的学术研究，还是为大众"科普"潮流的评论、资讯，一直以来都是艺术与奢侈时尚领域的跨界更加引人关注，让人津津乐道。鉴于这种一元性发展轨迹，本次FAC所呈现的葫芦状格局——尤其是青年品牌在其中所占据的耀眼位置，就显得很有意思，也因此更有必要展开进一步探讨。

三、青年品牌与艺术

青年品牌在本次FAC跨界浪潮中的活跃表现可以从三个方面来看：2001～2009年间参与的品牌数量，开展FAC的频率以及起始时间。在数量上，前面已经说过，青年品牌以55%的比例高居榜首。在频率上，高端品牌和青年品牌都表现得很活跃，后者尤其如此。在22个与艺术家经常合作（超过三次）的品牌中，运动装、街头装和牛仔装占据了68%的份额（15/22）（表2-2），呈现出"艺术迷"的姿态。相关的例子可以在运动品牌阿迪达斯、滑板品牌范斯、街头装品牌Maharishi、滑冰鞋品牌Gravis及运动鞋品牌DC等品牌的合作设计中看到。

对于起始时间的追溯也显示出这一特征。从数据上看，街头服装和运动装品牌拥有数量最多的早期参与者：它们中很多品牌早在2000～2003年就已经在推出FAC，有的甚至在20世纪80年代就已经开始［本研究发现了16个品牌：Maharishi始于2000年，Xlarge始于2003年，HP13始于2003年，Poetry of Sex始于2000年，阿迪达斯始于2000年，锐步（Reebok）始于

2003年，Gravis始于2001年，K-Swiss始于2002年，DC始于2001年，匡威始于2001年，Mambo始于1986年，耐克（Nike）始于2003年，Prokeds始于2003年，Edwin始于2003年，李维斯始于2000年，Paper Denim & Cloth始于2002年］。相比之下，其他品牌类型的开始时间大多是从2004年之后。当然也有例外，比如Philip Treacy的FAC可以追溯至1994，路易威登则是2001年。

表2-2　FAC品牌的时间框架（合计77个品牌）

不经常性合作设计				
一次性合作				
珑骧	Xlarge	Name Value	1921	Malwee Malhas
玛珀利 （Mulberry）	On tour	Kickers	My Ass	Airbag Craftworks
Philip Treacy	Final Home	大嘴猴 （Paul Frank）	H&M	山本耀司
Marni	Eastpak	Doarat	Topshop	Coca Cola Wear
Bill Amberg	Quiksilver	PF Flyers	Diography	SSAMZIE
上海滩 （Shanghai Tang）	686	Proletariat	Tara Jarmon	Triple Five Soul
Lutz & Patmos	Simple	Prokeds	Burro	Paper denim & Cloth
Calvin Klein	Triiad	Edwin	Haiku	Clements Ribeiro
One True Saxon	Neon	Habitual	Aforest	Make art your zoo
两次合作				
Kangol	乐播诗 （LeSportsac）	Married to the Mob	Rude Gallery	Stella McCartney
经常性合作				
路易威登	Agnes b.	阿迪达斯	Gravis	Sixpack France
Lucien Pellat-Finet	HP13	锐步	普拉达 （Prada）	范斯
2k by Gingham	Poetry of Sex	K-Swiss	耐克	飞跃（Feiyue）
Etnies Plus	Maharishi	DC	RVCA	盖璞
匡威	优衣库			
长期合作				
Comme des Garçons	Mambo	Fornarina	Dusty	李维斯

注：此组数据采集于2001～2008年。

从以上特征可以看出：不同于传统模式，本次FAC的形成由高端时尚和青年时尚两大类别主导。在某种程度上（比如从参与数量和合作频率上来说），青年时尚表现得甚至比高端时尚还要活跃。这也折射出当代时尚与艺术跨界繁荣景象的一个关键属性：其形成模式是"自下而上"的逆袭，即跨界浪潮所表现出的街头文化特征，而非自上而下的顺流方向。对此现象也可以借助块茎理论来解释。块茎（rhizome）是法国哲学家吉尔·德勒兹和费利克斯·瓜塔里在其合著中使用的概念性术语，用以描述允许多重进出点存在的非等级知识网络。这些相互连接的研究和思想，"不但无起点和终点，无贯穿内部的固定通路，还拒绝严密僵化的组织形式和支配性概念，并且有能力将异质性元素链接在一起"。"块茎理论在文化话语中得以流行，是因为当今很多表征和阐释的知识体系都是流动的，非等级、非线性而且是去中心化的。"[10]这种模式从另一个角度印证了Crane所说的时尚格局的变化：20世纪60年代前时尚表现为由上至下传播的"阶层时尚"。遗憾的是，迄今为止，青年品牌在这股时尚艺术跨界潮流中并没有引起人们的足够关注，FAC的滴升式特征也因此被严重忽视。

其实，尽管青年品牌的历史普遍较短（除了李维斯、阿迪达斯等少数品牌），经营规模和社会影响力也普遍较小，但是它们对艺术的热情未必逊色于拥有一百多年历史的奢侈时尚。譬如街头服装。街头服装与艺术的关系犹如同盟军一般，和谐共生，互为灵感，并以多种方式进行着灵活多变的融合。比如艺术家自创街牌，品牌与艺术家合作设计产品，品牌以举办画展、创建社区的方式资助艺术家创作。至于街牌设计师从艺术作品中获得创作灵感的例子，更是不胜枚举。

街头服装的灵感来源丰富多样，在众多元素中，有三大核心力量与艺术有着极为密切的关系，它们分别是：冲浪、滑板和嘻哈文化。冲浪与当代艺术（主要是波普艺术及Finish Fetish艺术——20世纪60年代美国西海岸极简艺术流派）的关联始于20世纪60年代美国的南加利福尼亚。在那里，很多艺术家都是冲浪运动的爱好者，同样，很多冲浪人又是艺术家——他们被称为冲浪艺术家。[11]这种关系使冲浪服饰自始便与艺术保持着连体婴般的关系。众多冲浪服饰品牌（诸如RVAC，Stussy，Mambo，Quicksilver，范斯等）通过成立艺术组织、举办艺术展览、推出跨界设计等多种方式来展示和巩固自身的艺术气质。20世纪50年代末，冲浪运动开始着陆，并衍生出滑板运动。后者延续了前者的审美理念，将艺术视为自身文化体系中的组成部分：这包括精神层面的共鸣和形体动作的艺术表现力；逐渐地，滑板文化不但摆脱冲浪文化的影子，成为引领街头文化发展的一支核心力量，还于80年代发展出滑板艺术——专门以滑板为载体进行创作。[12]

嘻哈文化始于音乐领域，该文化体系包括四大代表元素：说唱音乐、DJ、涂鸦和街舞。其中涂鸦艺术对街头服装的影响巨大。事实上，在街头服装的发源地纽约，很多经典街牌都具有涂鸦背景，比如涂鸦大家Stash和Futura创建了Subware和Project Dragon，Alife品牌的创办人Jest早在1992～1993年间就是涂鸦世界的风云人物。[13]冲浪、滑板及嘻哈文化与艺术之间的这些历史渊源在一定程度上解释了街头服装与艺术之间的密切关系。可以说，运动构建了街头服饰文化的骨架，而艺术（与音乐）则是这一文化的血肉。

街头服装与运动服装虽然属于两个类别，但是彼此之间的界限在某种程度上并没有那么泾渭分明，具体到品牌经营上更是如此。如前面界定街头服装时所说，运动装元素是街头服装的重要组成部分；在街头服装或者说更大范围的街头文化的发展中，运动品牌发挥着重要的角色。阿迪达斯、匡威、耐克、彪马、范斯等运动品牌都是街头文化的积极推广者。同样的，运动装的时尚化在很大程度上与街头文化密切相关。这或许也解释了为何运动品牌如此热衷于与艺术的结盟。运动与艺术的关联性在运动鞋领域表现尤其突出：球鞋FAC植根于20世纪70年代的嘻哈和滑板亚文化。[14]这一合作类型作为FAC的关键部分，在整个艺术家与设计师的合作领域中具有重要意义，而且，进入21世纪后，它表现得越发活跃频繁。这从本书所涉及的18个运动品牌中也可以看出：72%集中在运动鞋上（范斯，阿迪达斯，耐克，匡威，DC，Gravis，K-Swiss，飞跃，锐步，PF Flyers，Prokeds，Etnies Plus，Simple）。

第三节
以年轻群体为导向

一、年轻群体为主

如前所述，从参与数量和合作频次上看，青年品牌可谓是本次FAC第一主力，这显示出青年消费群体的核心地位。而且品牌资料也显示，无论是街头品牌（比如Maharishi、Dusty、Sixpack France），还是运动品牌［阿迪达斯、范斯、李宁（Li-Ning）］，它们的目标人群普遍是在十几岁到35岁间。不仅如此，青年作为FAC的主要目标群体并不限于青年品牌范畴，还包括高端品牌和盖璞、H&M这些大众品牌。即使是拥有一百六十多年历史的奢侈品牌路易威登，"年轻"也是其品牌FAC的关键词。

这一青年人驱动的路线展现出如今年轻消费者的巨大力量，支持了年轻顾客凭借其消费力在当今营销领域中的位置的理论：作为消费社会的先锋[15]，他们拥有大量可自由支配的金钱[16]，并且追求时尚[17]，这让他们在以"自下而上"潮流形式中创造时尚的领域有着举足轻重的力量[18]。

至于品牌为何借助时尚与艺术的结合来吸引年轻人，可以从当今社会艺术与青年的关系来理解。受访者就此给出了他们的理解——尽管视角不尽相同，但是对艺术与青年关联起来的价值都予以了肯定。首先，与以往相比，艺术与青年人的关联空前紧密，已经成为青年文化中的一股创意力量，在吸引年轻人方面有着积极作用。而且，品牌对艺术的狂热追捧显示出艺术在年轻人生活中的重要地位。这种情境与艺术性视觉语言更适应有关年轻人基于图像建构身份的理论。[18,19]其次，艺术可以作为一种反叛形式与年轻人相关联；或者利用年轻人的跟风从众心理将艺术作为一种教化的方式。Agnes b. 亚太区总经理Yau证实道，今天人们能够更加方便地接触到艺术。在他看来，年轻人与反叛紧密相关，这种趋势正变得日益重要。在此情况下，艺术通过教化青年人以及作为表达个性的另一种方式能够扮演积极的角色。"我觉得社会可以将艺术作为心情发泄的渠道来推动。学校可以鼓励他们通过艺术表达情感。另一方面，因为年轻人总喜欢跟风，将艺术整合到时尚中有助于提升他们对艺术的接受度"（Yau，个人交流，2009年3月23日）。

最后一点与青年人的消费行为有关。这种景象可以同当代青年消费行为联系在一起理解。青年是一个很敏感的消费群体。作为成长于营销无孔不入的商业环境中的一代，他们追求真实的事物——未经裁剪、未经测试、没有计划、毫不做作；他们强烈抵触商业机器以及大众营销人员的广告口号。[20]青年这个概念常常与自由、反叛、美丽、新鲜、承诺等联系在一起。与其他领域相比，年轻人在有关进攻/侵略、个性话题的审美领域尤其活跃。与以前相比，今天的年轻人在审美需求上比他们的上一代更加强烈。[15]至于如何抓住这一年轻群体，叛逆形象被视为独一无二的营销机会。[21]为了将青年文化推广到大众群体以获取商业利益，企业"不断地在地下青年亚文化和大众青年文化之间搭建桥梁，寻找可市场化的亚文化以建立文化偶像并维系之，贩售表达年轻人'应该是'、像是什么以及消费者应该如何参与到这种模式之中的观念的商品"。[16]与此同时，艺术家以其"叛逆或社会弃儿"[22]的形象，抵抗主流的清教徒规范，崇尚情感和享乐主义[23]，寻求真实[24]，致力于追求新的真理和原创思想[22]。如此，或许可以说，对于品牌而言，FAC的意义在于它被用来挖掘艺术家的叛逆形象和真实性，以吸引年轻人。同时，或许是在这层意义上，FAC路线被用作品牌差异化和打造独特性的一种方式。在某种程度上，这与DFS环球免税店香港销售经理Ching（个人交流，2007年10月25日）对艺术家之于品牌的吸引力的分析是一致的：他们的小众和地下身份有助于加强品牌的专有性。

青年人的这些行为特征暗示出艺术作为连接年轻世界的桥梁对营销者所具有的潜在价值，嗅觉灵敏的品牌对此自然不会无视。如此，青年人的反叛性在艺术中找到共鸣，而品牌借助艺术的反传统形象来吸引年轻人。所谓反传统，表现的其实是对虚假的拒斥，对真实的渴望。换言之，在实质上，艺术所表现出的真实性成为吸引青年消费者的独到之处。如此，推出FAC便成为吸引年轻一代的应时方式，可谓顺理成章（时尚媒体人Thomas，个人交流，2008年11月12日）。

需要指出的是，这里所说的"青年"更多是一种意识形态范畴，代表的是一种精神状态和自主的文化理想，[25]而不仅仅是一个年龄阶段。其实，作为一种社会类别，"青年"并不是从来就有的，而是在第二次世界大战后才正式形成，算来距今不过几十年的历史。也是从第二次世界大战后开始，青年被贴上"叛逆""反体制"的标签，青年文化与商业消费文化之间建立起默契的伙伴关系。[26]在年龄范畴上说，青年指的是介于16～21岁这样一个从极具依赖性的童年期向独立的成年期过渡的阶段。不过，随着这一类别的商业化，"青年"期变得无限延长：第二次世界大战后的营销人士紧紧抓住叛逆青年群体所推崇的"酷"文化，不遗余力地发掘其商业价值，而且他们所针对的消费群体不只是年轻人，还包括那些保有年轻心态的成年人——长大的"年轻人"。[27]逐渐地，越来越多的研究人士也开始将青年划分为早期和晚期，并引入诸如成年早期（young adulthood）或成人初显期（emerging adulthood）这样的新词汇，[28]以此标志一个崭新而独特的生命阶段。

年轻与否更多地是指一种心态。虽然范斯将其目标群体定为青少年为主，但是对于更多的品牌来说，它们在顾客定位上并不再以年龄为划分标准，而是以生活方式为基准。

二、时尚引领者——滴下式传播

说得更加准确一些，FAC的目标群体是青年时尚领袖。包括Agnes b.、范斯、阿迪达斯和李维斯在内的实践者明确指出风格制定者和时尚人群是它们的FAC的锁定目标。李维斯的一个新的零售方向是围绕崇尚自由方式的唯一和地下形象来开展，并且特别注重吸引潮流引导者。李维斯前任设计师Nyman（个人交流，2009年9月28日）将他们的目标顾客描述为"具有文化意识的时尚群体"。这些潮流引领者具有一定的文化意识，文化诉求或者精神诉求更加突出。换言之，他们的FAC客人关注FAC的文化内涵。这一点在针对其顾客的调研中进行了考察。在发布FAC产品时，该品牌采用了限渠道发行的方式，产品只在几个高端店铺发售。这种策略决定了FAC客人的小众性。此外，Nyman相信他们的FAC客人了解相关的艺术合作，因为他们的销售人员会将相关信息提供给客人。所有这些特征揭示出FAC的角色：它被用来吸引时尚创新者。即，他们的品牌形象在围绕这一小圈子进行塑造。

阿迪达斯三叶草系列（Adidas Originals）的目标是提升它在生活方式市场、风格制定者和时尚猎人世界中的影响力。范斯市场营销副总裁Palladini（个人交流，2009年1月16日）在解释范斯的顾客定位时明确说道，他们采用的是一种滴下式（trickle down）路线，即经由潮流引领者的接受来使品牌得到更多模仿者和追随者（青年大众）的认可。"范斯的营销重点放在全世界的青少年身上。目标群体并没有随着地理位置、性别、种族、性取向或者宗教信仰变化。年轻顾客，喜欢前面所提到的有文化、有个性、有创意的思想者，是我们的目标……很明显，我们的营销目标是品味决策者和潮流先行者。我们相信他们的接受会以'滴下式'形式吸引模仿者和追随者。"

因此，概括起来，FAC所针对的目标顾客群体是具有一定文化素养的年轻时尚领袖。按照"滴下式"路线，潮流群体的接受会引发大众青年群体的效仿。这种模式也反映出真实的文化阶层属性。

这一发现也从侧面印证了现有研究有关时尚领袖的看法：这一群体对于时尚产业和学术界很重要；他们的认可在很大程度上代表着时尚新品在商业上的成功，[29-31]因为提升了曝光度和大众的接受度[32]。这意味着当代FAC本质上是以青年人为驱动，以时尚领袖为目标的潮流，它被用作进入年轻世界的桥梁，也是品牌焕发青春的有效方式。

扫描二维码，
浏览77个品牌的FAC档案资料

参考文献

[1] Fernie J, Moore C, Lawrie A. et al. The internationalization of the high fashion brand: the case of central London [J]. Journal of Product & Brand Management, 1997, 6(3): 151-162.

[2] Mackrell A. Art and fashion: The impact of art on fashion and fashion on art [M]. Malaysia: Batsford, 2005.

[3] Crane D. Fashion design and social change: Women designers and stylistic innovation [J]. The Journal of American Culture, 1999, 22(1): 61-68.

[4] Turner D. Couture de force [J]. Artforum, 1996, 116: 15-17.

[5] Kim S B. Is Fashion Art? [J]. Fashion Theory: The Journal of Dress, Body & Culture, 1998, 2(1): 51-72.

[6] Foundation Cartier. Issey Miyake making things [M]. Zurich: Scalo, 1999.

[7] Mears P. Exhibiting asia: The global impact of japanese fashion in museums and galleries [J]. Fashion Theory, 2008, 12 (1): 95-120.

[8] Evans C, Menkes S, Polhemus T, et al. Hussein Chalayan [M]. Groningen: Groninger Museum, 2005.

[9] Steele V. The corset: A cultural history [M]. London: Yale University Press, 2001.

[10] 罗伯森, 迈克丹尼尔. 当代艺术的主题: 1980年以后的视觉艺术 [M]. 匡骁, 译. 南京: 江苏美术出版社, 2010: 43.

[11] Colburn B, Finney B, Stallings T, et al. Surf culture: The art history of surfing [M]. Los Angeles: Laguna Art Museum, 2002: 202-208.

[12] Weyland J. Pineapple and all those guys[M].// Beautiful losers: Contemporary art and street culture. New York: Distributed Art Publishers, 2005: 111-140.

[13] Vogel S. Streetwear [M]. London: Thames & Hudson, 2007: 272.

[14] Intercity. Art & sole: Contemporary sneaker art & design [M]. London: Laurence King Publishing, 2008.

[15] Boethisus U. The history of high and low culture [M].//Fornas J, Bolin G. Youth culture in late modernity. London: Sage Publications, 1995: 12-38.

[16] Marisa P. Style biters: the commodification and commercialization of youth culture [D/OL]. Individualized Studies Thesis, 2002. http://www.princessmarisa.com/selection.html.

[17] Kawamura Y. Fashion-ology: an introduction to fashion studies [M]. Oxford/New York: Berg Publishers, 2005.

[18] Bovone L. Urban style cultures and urban cultural production in Milan: postmodern identity and the transformation of fashion [J]. Poetics, 2006, 34: 370-382.

[19] Broder C J. Hip hop and identity politics in Japanese popular culture [J]. Asia Pacific, 2006, 6(2): 39-43.

[20] Beverland M, Ewing M. Slowing the adoption and diffusion process to enhance brand repositioning: The consumer driven repositioning of Dunlop Volley [J]. Business Horizons, 2005, 48(5): 385-391.

[21] Schouten J W, McAlexander J H. Subcultures of Consumption: An Ethnography of the New Bikers [J]. The Journal of Consumer Research, 1995, 22 (1): 43-61.

[22] Pontbriand C, Asselin O, Shusterman R. Interview in parachute: art and self-fashioning[EB/OL]. [2007-8-19]. http://www.artsandletters.fau.edu/humanitieschair/parachute.html.

[23] Campbell C. The romanic ethic and the spirit of modern consumerism [M]. Oxford: Blackwell, 1987.

[24] Meamber L A. Artist becomes/becoming artistic: The artist as producer-consumer [J]. Advances in Consumer Research, 2000, 27(1): 44-49.

[25] Featherstone M. Consumer culture and postmodernism [M]. London: Sage Publications, 1991.

[26] Kjeldgaard D, Askegaard S. The glocalization of youth culture: The global youth segment as structures of common difference [J]. Journal of Consumer Research, 2006, 33(2): 231-247.

[27] Frank T. The conquest of cool: business culture, counterculture, and the rise of hip consumerism [M]. Chicago: University of Chicago Press, 1997.

[28] Arnett J J. Emerging adulthood: the winding road from late teens through the twenties [M]. New York: Oxford University Press, 2000.

[29] Goldsmith R E, Moore M A, Beaudoin P. Fashion innovativeness and self-concept: a replication [J]. Journal of Product & Brand Management, 1999, 8 (1): 7-18.

[30] Gorden W I, Infante D A, Braun A A. Communicator style and fashion innovativeness [M]// The Psychology of Fashion. Lexington: Lexington Books, 1985: 161-175.

[31] Kaiser S B. The social psychology of apparel[M]. 2nd ed. New York: Macmillan, 1990.

[32] Phau I, Lo C. Profiling fashion innovators: A study of self-concept, impulse buying and internet purchase intent [J]. Journal of Fashion Marketing and Management, 2004, 8(4): 399.

真　实　乌　托　邦
21世纪的服装品牌与艺术

第三章

品牌的艺术化：真实营销与营销真实

　　毫无疑问，就视觉设计维度来说，艺术家凭借自己的创造力能够在这类跨界中为品牌贡献新鲜、原创性的元素。"如果我们自己做服装，服装就会一直是我们自己的风格……但是沃霍尔的东西，举例来说，是这么'波普'，和我们的服装的元素完全不同。所以，我们想要对我们来说很新鲜的东西，然后把它们放在一起，这样可以促进化学反应的产生。"（香港街头品牌Dusty创始人Ma，个人交流，2007年11月19日）然而，艺术对品牌的助力远不止形式层面的创新，不然其"续航能力"可能不会这么大。艺术的价值是多方面的，除了视觉形式的创新，还包括人文、道德、价值观等，后面这些精神层面的内涵甚至更为重要，对品牌建设至关重要。

品牌不仅仅是商标这些限于物理层面的可视化标识，其核心价值在于文化内涵以及象征意义。随着生活水平的提升，消费者会越发注重精神世界的需求，表现出"后物质主义"消费理念或者生活方式特征（所谓后物质主义，在这里是说它超越了物质主义层面）。与此相应，品牌会越发注重精神内涵的打造。图3-1显示的是品牌的发展轨迹。可以看出这个路线与图3-2关于消费诉求的发展遥相呼应。[1]情感关联、生存意义、生命价值这些让人听起来非常严肃的思考作为"痛点"在以不同方式融入品牌的建设中去。近些年，很多品牌都在打这张牌——这在层出不穷的各类广告中随处可见。艺术对品牌的价值在很大程度上应该在于这些方面。可以说，当下品牌与艺术的结合主要是为了"制造意义"，为了满足一种精神诉求。更确切地说，时装品牌与艺术跨界的盛行，从整体上来看，是真实营销的一种重要方式，是品牌以艺术为桥梁来满足人们（包括消费者和部分经营者）对真实性的渴求。

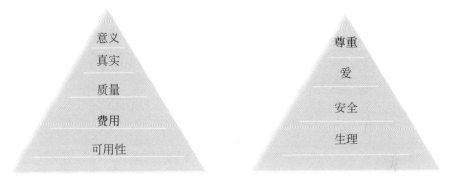

图3-1　商业动机金字塔　　　　　　图3-2　消费敏感性金字塔

前面章节在分析FAC的目标人群时，结合青年消费群体的行为特征及其对艺术的态度初步讨论了品牌策划FAC的意义。本部分将从品牌和相关业内人士的视角对这一问题进行更加具体深入的分析，以期对品牌策划FAC的原因及其营销特点获得更加清楚的认知。

从哪些方面可以看出品牌借助与艺术的融合来进行真实营销？最为直观便捷的方式是看其合作动机及其传递的价值主张。首先，在合作动机上品牌往往倾向于（有意或无意地）强调合作的非功利性——淡化商业色彩。无论是品牌设计师还是主管经理，实践者很喜欢把品牌与艺术的合作行为归为非理性、无计划的举动，起因是因为友谊或者是出于对艺术的热情，或者是出于对公众的一种教化（Yau，个人交流，2009；Ma，个人交流，2007）。这些解释就是在努力淡化合作的商业性质，强调合作的真诚和非商业性因素。其次，合作的价值主张——传递信息。这些合作往往都会有口号或标语，表明合作计划的宗旨、要传递的信息和价值观。比如阿迪达斯、范斯、李维斯、匡威四个品牌在中国市场上所策划的一系列跨界项目中强调的价值主要有：自我实现、原创、创意、真实、自由、勇气、冒险、梦想。从根本上说，这些描述其实是从不同视角提出了相同的核心概念：真实——一方面强调品牌真实性，另一方面鼓励年轻人勇于实现自我，做"真实的自己"。这些例子也证明了我们前面说的观点，合作不只是为了创造出具有视觉吸引力的设计，更是为了传达一种意思，一种生活态度。

通过案例分析发现，尽管FAC品牌涉及多种类别，呈现出块茎化蔓延的景象，其层次也表现多样，但是它们中大多数具有一个共同特征：提升设计和真实感在FAC中占有重要位置；尽管程度不同，它们的价值体系都很注重对创新、创意、自由、真诚、反叛、真实、原创和独特等相关概念的强调。如同第二章所讨论到的，这些概念彼此密切相关。真实的概念性描述包括：原创性，自我表现（或自我展现），真诚（或诚挚、现实），自由，专有，非商业性（或纯真）。因此，这些品牌所提出的多种概念其实可以归为三类：创新、真实和个性。而且，还可以看出这里所建构的真实从两个层面与消费者联系在一起：

① 反大众（anti-mass）——强调产品的实验/体验、新鲜、创新和原创性；

② 反营销（anti-marketing）——强调自由、叛逆、非商业性、低调以及玩乐。

在此语境下，艺术演变成为一种时尚生活方式。相应地，这些理念在品牌的FAC中被演绎出来。艺术的不同角色及弹性功能在此得到了充分展现（具体讨论见第五章）。根据品牌与艺术融合的动机及运作模式，本书将FAC分为两种类型：非策略性真实营销和策略性真实营销。

① 非策略性真实营销：指的是品牌因为自身所奉行的真实价值观而做出的合作（独立品牌）——真实是合作的一种源动力。这种情况下，与艺术的结合不受（或少受）商业利益驱使，不以市场为导向。相对来说，这种合作动机更加个人化、情感化。这种情况更多出现在小型团体组织（或独立品牌）中。对于经营者而言，自身感受很重要，经营品牌是一种谋生方式，更是一种爱好和生活，在合作上经常表现为一种无规划、非商业性行为。

② 策略性真实营销：指的是品牌出于塑造真实形象而开展FAC合作（企业品牌）——真实作为一种策略来运用。品牌与艺术的结合更多受到商业利益驱使，以市场为导向。

第一节
非策略性真实营销

一、无为之为的灵光

尽管不少FAC的策划是以商业目的为出发点，但是对于一些品牌来说，商业利益并非主要目的，而是出于比较纯真的正义/情怀或者对于艺术的高度热情。这在很大程度上表现为：相较于商业考量，合作更多是出于友情和个人的愉悦。对于其他受访者（基本上是品牌方），这类合作一般会被解释为非理性的、未计划的行为，源于友情、对艺术的热爱或者是出于对公众的启蒙教化的考量。这些概念的共同特色是它们的非商业性含义。联系第二章关于真实的描述来看，会发现所有这些概念将FAC与真实性联系在一起。换言之，FAC被用来建立及强化品牌的真实身份。在这种意义上，FAC作为一种反营销的方式而存在。下面以国内外几个品牌的FAC策略为例予以阐述分析。

案例 1 Agnes b.

法国时装品牌Agnes b.成立于1975年，属于家族式企业。在全球范围有10家子公司，234家店铺，1953名员工。这个品牌和艺术、电影、摄影关系密切。创始人Agnès Bourgois和很多街头艺术家都是朋友，这里面包括著名的Jean-Michel Basquiat、Futura、Lee Quinones。Agnes b.创建了一本名为《反讽点（point d'ironie）》的免费艺术期刊。早在1983年就开设了他们第一家画廊Galerie du Jour Agnès b，2001年在香港开设了第二家画廊。在产品上，Agnes b.以限量方式不断推出与艺术家合作的T恤系列。1994～2009年，和60多位艺术家合作过，作品在品牌的店铺和画廊中售卖。合作的艺术家中有些非常著名，如Robert Filliou、Jonas Mekas、Martine Barrat、Gilbert & George、Hervé Guibert、Ange Leccia、Claude Lévêque（Douglas Gordon）。此外，也有初出茅庐的艺术新人。

说到与艺术家合作的初衷，Yau解释道，这个品牌与艺术的跨界合作首先是因为品牌创始人Agnès Bourgois非常热爱艺术，因此，这个品牌是以一种把创始人喜好与公众分享的心情开展他们与艺术界的合作。同时，与艺术家合作设计T恤也是资助艺术的一种方式，用于捍卫原创性和创造力，也帮助艺术家及其作品能够进入公众视野。这些动机也解释了为何品牌会开设自己的画廊。"Agnes b.设计服装的动力之一是让那些穿上她设计的衣服的人快乐而美丽。T恤如同一张白纸，可以作为艺术家的创意平台。因此，Agnes b.开设了T-shirt d'artiste系列，只要艺术家的创作印在T恤上，这位艺术家的名字就会出现在T恤的商标上（图3-3）。艺术家T恤不仅已经成为艺术爱好者的收藏品，也是令艺术家感到振奋的方式……通过这种方式，每个人都有机会拥有和体验Agnes b.所喜欢的多种艺术作品"（Yau，个人交流，2009）。

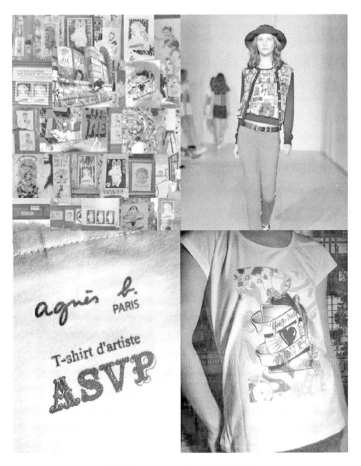

图3-3　Agnes b.标识及作品

因为这个品牌的FAC在很大程度上是因为其创始人的个人喜好而非商业考量,在具体的合作人选上,非常有弹性,而且也很感性。这些合作候选人可能是因为创始人喜欢,也可能是其他艺术界人士的推荐。相比之下,他们的商业号召力并不在考虑范围。"我们不会说优势……他是Agnes b.最喜欢的艺术家之一。这个合作是要与大众分享她的心头好"(Yau,个人交流,2009)。FAC产品的目的与它们的免费期刊《反讽点》和艺术画廊的建立相似。尽管如此,一条通用规则是它们更喜欢在它们的系列和展览中融入多种多样的艺术风格,这样可以"在展览的风格上取得平衡,保持在大众心里的新鲜感"(Yau,个人交流,2009)。如同Yau所提供的例子,"结束一场安静风格的展览后,比如说黑白照片,接下来我们会选择举办一场装置展览"。

案例 2 Sixpack France

　　Sixpack France品牌成立于1998年，其品牌主理是Lionel Vivier。它们的目标是将个人愉悦（Lionel Vivier对艺术的喜爱）与生意相融合，在地下反叛和商业现实之间寻找平衡。该品牌的主打是设计师与艺术家的合作系列。截至2009年，它们与超过70位艺术家开展过合作。参与合作的艺术家有Parra、Ryan Waller、Kid Acne等，这些人都是主理人Lionel Vivier在各种场合偶然结识的朋友，他们的合作也以友情为基础，很少有商业策略方面的考虑。[2]在这种情况下，其合作随性而充满人情味——这种"无计划"也正是品牌的核心主张。Vivier喜欢将这个充满个人情感的品牌视为一个生活馆，他与他的艺术家朋友们在这里讲述着各自生活和经历。此外，品牌也举办艺术展览和音乐艺术秀（The Art of Music Art Show）。对于这些实践者来说，服装是一种传递信息的媒介，与艺术家合作或者穿戴艺术是为了好玩，如同他们对音乐和运动的喜欢。

案例 3 Maharishi

　　成立于1994年的Maharishi可谓低调至地下。这从其营销行为上可以看出——不像大多数品牌，在它的官网上看不到任何对于自己的历史、起源或者品牌概念的描述介绍。

　　品牌在20世纪90年代中期就开始以短、长期方式与艺术家合作推出限量设计，开展了高频率的合作活动。不仅如此，MHI还在2004年推出副线DPMHI，专注于与涂鸦艺术家和图案设计师的合作。合作过的著名艺术家中有代表性的有：Rostarr、Sharp、Kaws、graffiti artists WK、Michael Lau、Andrew Brandou、安迪·沃霍尔、Futura（Futura Laboratories）。合作的产品包括T恤、运动卫衣、夹克、裤子、帽子和配饰等。品牌还经营着一家画廊空间，邀请艺术家来此办展。[3]

　　国内也存在这种类型的品牌。下面以源自北京的坏品味和创可贴8两个品牌为例。

案例 4　坏品味

坏品味（The Bad Taste）创立于2011年，是以北京为基地的中国本土设计师街头服装品牌。坏品味的审美理念是"崩溃美学，扎瞎你的双眼"，主张怪诞和桀骜不羁的时装风格，对朋克文化的坏品味精神非常推崇，更接近于亚文化的态度。

品牌创始人：创意杂家

创始人王悦（又称gia），是朋克女孩"挂在盒子上"乐队主唱，该乐队曾经登上过《美国新闻周刊》封面。王悦毕业于中央工艺美术学院附中。高中毕业后就想玩音乐，对考大学不感兴趣，大学仅上一年，就退学玩音乐了。王悦从同时参加三个乐队，到创作装置艺术，再到创建坏品味街头服装品牌，可以说涉猎广泛、头衔众多。而且，无论是音乐、设计，还是品牌运作，她都没有受过专业培训，称之为"业余"，当不算过。

坏品味与地下艺术——插画师系列T恤

该品牌的主打产品是T恤，以插画师系列为主（图3-4）。旨在将"艺术变为时尚，在消费时尚的同时给插画师更大的展示平台"。

图3-4　坏品味的T恤产品

据介绍，与他们合作的插画师有三四位，而且基本上都是以前就认识。按王悦的说法，他们要么是朋友的朋友，要么是喜欢听她的乐队的朋友。比如其中一位名叫"擦主席"的插画家，是他们在上学时就认识的。此外，2012年，品牌曾组织过一次T恤图案比赛，并将获胜作品印到T恤上发售。但是，也只有这一次。对于以后是否继续举办这类比赛，王悦并没有计划，而且在合作规模上没有计划继续扩充。

说到与插画师合作的目的，再次展示了品牌的非功利性：坏品味与插画师的合作初衷是为插画师提供一个展示平台。在她眼里，国内很多优秀插画师并不比国际上著名插画师逊色，遗憾的是没有充分展示的平台，所以她想通过这个T恤系列来为插画师推广其作品。品牌所合作的插画师基本上都是地下风格，正如其口号所说，力推的是崩溃美学。

可以看出，这种出发点表现出身为街头文化成员的一种责任感或者说道义精神。而且她与这些插画师彼此在合作之前就已经认识，因此，这种方式更像是基于朋友立场的互助，为其提供曝光机会，让他们开心——目的简单、纯粹、个人。合作方式也是简单随性，几乎没有计划性。可以说，整个行为的商业意味很淡泊。

> 东西（跨界的结果）重要。<u>因为对于插画师来说，他们的东西特牛气，但是展示的平台少，但是你印在衣服上，被很多人穿了，他们就很开心</u>。比如说，前一阵，我去工厂，盯生产，拍了一些照片，然后，插画师就很兴奋。因为你看见有一个大面积的，全是你自己的作品的时候，你心里有一种（成就感）。
>
> 按理说，插画师在国外可以出画册，可以丝网印刷版画，卖这种版画。但是在国内，插画师这个市场还不是太成熟，比如卖艺术，它有画廊。画廊去给他们，一个商业体系。但是插画师，国内还不是。他们的商业体系是什么。比如说擦主席，他会给耐克去做，比如给品牌做一个跨界的东西，让他给画一下。国内插画师其实挺厉害的，跟国际水平雷同。但是他们可能在国内获得的等同的价值没有在国外（机会多）……比如说，奈良美智、村上隆，我觉得跟他们画的水平差不多，但是在中

国获得的商业价值（低得多）……所以最初也是想让更多的人去了解插画师的作品，通过这么一个平台去宣传地下插画。

分工模糊、合作自由的设计模式

在坏品味中，设计的完成建立在一种合作基础上。基于把事情完成的这个目标，大家各有任务，然而却没有明确职位称谓。甚至对于王悦来说，界定他们的角色是一件困难的事情。虽然如此，根据她的描述，王悦扮演的是设计师这个角色。当插画师完成图案设计，图案的选择及其与服装（T恤）的搭配（色彩、位置、尺寸等）这样的整体掌控就由王悦和阿东（另一位合伙人）完成。言语间尽显"业余水准"。这样一种界限模糊的做事思路与街头文化的DIY精神也可以说是暗合。

在我们这里，服装设计师和插画师是分开的。因为我们最基础的东西就是把艺术变为时尚。基础就是出以图案为主的T恤，等于说，插画师就是画图案，但是他并不设计衣服。他提供插画图，但是图就是放在T恤上。（图）多大，搭配什么颜色，由阿东做。等于他应该算是……其实在坏品味里，这个概念不是特别好区分。他也不算是服装设计师，他应该算是……我不知道给他什么称谓合适。挺难界定，因为他不算服装设计师。

（问：没有固定的设计师这个岗位？）目前，对于过去那些有图案的设计师来说，应该是这样的。但是我们马上要出新的东西。新的有卫衣、无袖的背心。其实还是挺难界定的，比如这个衣服的款式是我设计的，图案是插画师的，所以在我们这个品牌里挺难界定谁是设计师。就是，我们用插画师的元素做设计，但插画师不是设计师。插画师只提供他的作品，他不是提供作品，是我们从他的（作品）里面选。我们觉得合适的，觉得做成衣服比较好看的。……他们平时经常会创作一些作品，我们会定期看，说你们又画什么新的了，然后给我发一下，我会从里边挑，挑我觉得合适放在衣服上，合适放在什么颜色什么样子的衣服上的。

对于插画师来说，他们的创作空间相对比较自由。如其中一位插画师兼文身师王可所说："要求？没有什么要求。王悦是那种看到我最近画了一些新画，她觉得哪张好，就拿去了。没有说，'你帮我画一个什么'。创可贴8的老江（见后面案例）会有一些自己的想法。每次，我们会先沟通，先聊一聊。他的想法想怎样做出来。然后，我就会根据他的想法，再加入我自己的东西，但他不会对我有任何局限，比如说你要帮我画一个什么什么。他不会局限。但是，刚开始的时候，一两张画的时候，大家沟通得不多，了解不多，一开始会要求更细一些。现在基本上就没有要求了。就给我一个图案，'这个是那家的logo，他们想做一个画，然后你就自己发挥吧。'就这样。""我可以自由加入想法，比如创可贴8、坏品味，这两个的风格完全不一样，针对的客户群也完全不一样。创可贴8，我可能就要含蓄一些，他们做的东西都是（20世纪）八九十年代嘛，怀旧的，像我们童年的那种感觉。所以我给他们画的画都是那种感觉，会更复古一些。然后给坏品味画，就是比较摇滚，比较先锋，更尖锐，摇滚乐那种。"

▲ 品牌规划 ▽

1.小众品牌——做出位、好看的东西

虽然风格定位明确，但是坏品味在具体的经营上面又展现出很随意的一面。当问到其产品的年产量时，王悦显然心里没考虑过。"规划是有，但是这个数字，你让我想一想……一下子想不起来，因为我不太关心这个数的事。"对她来说，只要能做出前卫、时尚的设计就足够了，而且，小众就意味着对产量、销量的漠视。之所以这么无视数字，在很大程度上也是和她以玩的心情做品牌有关，而且她也没有把自己视为服装业内人士。如她所说："第一我不是搞商业，第二不是搞经济，第三不是搞服装的。这些量对我来说已经挺多了。"

简言之，"随性"在这个品牌中仍然分量很重。比如上面提到的T恤图案比赛，按王悦所说是"随意"举办的："（那个比赛）也比较随意。其实当时做那个比赛是想看国内插画师的水平。"对于以后是否继续举办，她也没有考虑，全然一副跟着感觉走的状态。

2.乐趣、生活为重——赚钱是在浪费生命

在和王悦的谈话中可以清晰感知：对她而言，经营坏品味是件很个人的事情；它只是关系到开心与否、喜欢与否，甚至是打发时间的一种消遣，而不是用以生存、赚钱的生意。感受、乐趣和生活是王悦的关注点。经营品牌更多地是出自爱好、消遣的目的，而非赚钱。

我其实大量的时间基本上是在玩，在和朋友聚会。如果你看我的微博，几乎大部分时间是在玩，在聚会，在参加各种活动，还有时间看电视剧。主要是我自己挺怕一个人在家待着，特别怕一个人在家呆着，会觉着特别无聊。我以前在做音乐的时候，觉得时间占得不是特别满……我觉得做乐队（三个乐队）这有个事，再弄品牌，有个事，还得跟朋友玩，才能把所有的时间都平衡起来。

（问：不管怎么做，都没想着靠这个挣多少钱，是吗？）<u>一般做艺术的人都没有这种想法吧。</u>比较纯粹的来说，也不是鄙视这种想法。就是说，这个问题挺难回答。因为你也要考虑品牌的发展运营嘛，<u>但是你的目的肯定不是说做服装为了赚钱，那样的要大规模，跑量。我们不是跑量，是限量的。</u>

（问：每款只有300件？）对，我们新出的更少。新出的可能是150件。以后出的可能会更少。因为我觉得，物以稀为贵嘛。就是，比如说这个图案我只出150件，出完我就不再印刷了。然后再印刷的可能就是新的设计和插画师的作品。就像国外品牌一样，他属于这一季东西，完了就完了。（即使卖得很好，）都不再生产了。我觉得做品牌就是概念不一样，<u>做坏品味的主要目的不是为了赚钱，要赚钱，我们就做美特斯邦威了。</u>它不是跑量那种东西。因为赚钱有很多种方式。

……我没有发大财的想法。（问：维持是什么概念？）坏品味去年一年是40万（元），我觉得还可以。而且我们还不是很务着做的。<u>实际利润我都没太想过。其实，可以说有一点糊涂吧。平时去做新的东西呀，因为我的收入一部分是服装的，还有一部分是音乐的收入。对我来说，够花就好。……我对它或者对别的，我就不是一个金钱欲望很高的人，</u>

<u>就是不是想赚大钱的一个人。因为我觉得人生苦短。那个如果你的精力放在挣钱上，你可能会少了很多感受和乐趣。我觉得我重点是感受和乐趣。</u>

……因为我这个人是不愿意把时间花在赚钱上的。我觉得那是浪费生命。(可以找人帮你做这些事。)就算你找了助理，但你还是得花精力，可是我不愿把这么多精力都花到赚钱上，因为<u>还有更多的时候想着生活呀，不想生活怎么创作</u>。毕竟，我不可能成为一个企业家，这不可能。(问：也没把这个当成一个目标，对吧？)那肯定不可能。

∧ 低调的宣传 ∨

整体来说，坏品味品牌的地下色彩明显。虽然王悦认为他们的设计卖得不错，但是所谓"卖得不错"，是基于"小众"这样一个前提。品牌在宣传上也很低调，仅限于在个人和品牌的微博以及在朋友的咖啡馆、餐厅的小范围宣传。

其实坏品味，我们没有做太多的采访，纸媒平媒的宣传。没有很去张罗这个事，可能时机没到吧。因为，说实话，我们的衣服卖得挺好的。卖得不错。<u>因为就想按着这个模式一步一步地，很扎实地做下去。暂时还不想把坏品味扩充成一个太(商业化的)</u>。所以我没有非要去宣传。基本也就是微博推广。因为还是想，它就是小众，就可以了。目前也就是微博呀，传单……(传单在)咖啡馆，或者朋友的餐厅啊。可能之后，偶尔会做些活动，比如，去年我们就和灯笼做了一次活动。

∧ "漠视"客户的消费群定位 ∨

在客户定位上，王悦继续采取了无视的态度。这种"自我"与其小众定位及其玩乐性的经营态度一致——以做音乐的心情做服装，更重要的是，并没有靠其赚大钱的预期。在这种不设压力的状态下，以自由心态经营品牌也可以理解。

> 实话来讲，真的不管。如果你学服装，你肯定懂服装经营管理，按理说，品牌应该有一个品牌定位。但我觉得我们好像……<u>我们的品牌就是做出位、好看的东西，做那些比较前卫、比较时尚的东西，中国没有的</u>。这是我们的品牌定位。因为坏品味本来就是一个小众的消费。
>
> <u>这就跟做音乐一样，就是你考虑的是把音乐做出来，至于谁去喜欢它，是观众的事情，是听众的事情。</u>（问：明白了，你不是一个纯粹的商人？）那肯定不是。<u>本身小众品牌不是很赚钱。也不可能指望这个赚大钱……</u>（问：这个品牌算是一种爱好？）<u>我觉得它应该是商业和喜好的结合</u>。我觉得任何一个人做品牌或设计师，肯定都是他本身喜欢服装，设计。

从王悦的生活态度、经营品牌的动机和方式可以说，这个品牌带有强烈的个人色彩，追求好玩、乐趣，是一种享乐主义观念的体现。就与插画师的合作而言，这个品牌表现出独立品牌合作的一些共性：自由、随性、松散、真诚，追求乐趣，金钱意识相对较淡，感情色彩则很重。坏品味与地下插画师合作设计是为了给他们提供一个展示平台，支持街头文化或地下艺术（就此来说具有一种正念和使命感）；在具体合作艺术家的选择上在很大程度上是以友谊为基础。它与地下插画家擦主席的合作就是其中的一个代表——擦主席是创始人王悦认识多年的老朋友，而且在合作的时间框架上也比较随意，没有固定规划。

案例 5　创可贴 8

创可贴 8 创建于 2006 年，第一家店铺设在北京东城区的南锣鼓巷，是一个充满怀旧色彩的品牌。这个品牌的设计特色是：从独具代表性的中国及京味特色元素中汲取灵感并致力于重现其时代韵味。设计理念通过曾经的纸质地铁票、过去年代的商品标签、这个城市里每天司空见惯的物件等形象表达出来，以重新唤起今天的人们对昨天时代经典的美好记忆，希望人们能够通过这些印在T恤上的图案尽可能地重温那些特定年代下的中国魅力。今天，创可贴8已成为很多年轻潮人来京"潮拜"的必经之地（图3-5）。

图3-5 创可贴8店铺

品牌创始人：拒绝长大的彼得·潘

创办人江森海是一位在北京生活了二十多年的英国人。说江森海是一个大儿童（kidult），并不过分。访谈伊始，江便几次强调自己是个阳光、冲动、不成熟的小孩，并以此为荣。从其他报道资料看，江曾不止一次提到这一点。在他看来，这正是他的优点，因为这种性格可以保证他的创意的独特——好玩、绚丽。

> 不成熟是我的一大优点。小孩子最有创意，因为没被"洗脑"。我的创意比较好，是因为我还是一个小孩。一般人看我的公司，觉得很多地方不成熟。我要求自己不要长大……我是一个特别阳光的、innocent（天真）的一个小孩，非常不成熟，知道吗？但是，这个是我的性格，

而且能看到创可贴8里面有很多不成熟的、好玩的，颜色比较绚丽，很多好玩的idea（创意）做得比较冲动。

没有规划的"业余"品牌：不做规划，拒绝归类，只做自己

在谈到品牌与潮流的关系时，江森海表现出明显的排斥反应，拒绝归类，只做自己。在他看来，创可贴8在风格元素上与潮牌的交集纯属偶然。品牌和他浑然一体。如他所说，自己仍是一个不成熟的天真小孩，与此相应，他的品牌也是走自己的路，而且边走边看，对于未来没有特别规划。他自认创可贴8是一个"非专业"品牌。之所以有这种观点，可能从根本上是因为他对于创可贴8的态度：对他而言，经营创可贴8不只是做生意，还是生活的一部分。

> 喜欢摇滚，这些都是我的爱好。<u>我不是跟摇滚合作，就会觉得一定给公司带来特别地下的牛气的宣传</u>。我本身很喜欢摇滚，然后就是，<u>把我的爱好加进去了</u>，因为公司的性格，每个公司有他的性格，创可贴的性格就是我，就是江森海。
>
> <u>我是一个特别阳光的、天真的一个小孩，非常不成熟，知道吗？但是，这个是我的性格</u>，而且能看到创可贴8里面有很多不成熟的、好玩的、颜色比较绚丽，很多好玩的创意做得比较冲动，然后，所以它的特点就是，<u>它一直就是走它自己的路</u>。它不一定非要走什么时尚、潮流<u>这个那个，它就是更偏于图案</u>。然后，这些图案就是我的爱好，我就是喜欢一些跟我的生活有关的创意。
>
> 我没有一个特别清楚的规划怎么去设计这个公司，发展这个公司，我一直就是走一步看一步。而且特别吸引人。因为品牌就是这样的。它的特点就是，你可能能看出来，<u>它不是一个特别专业的生意</u>……它就好像有一个灵魂的公司，（像人一样）对，人喜欢这个。为什么这个品牌这么受欢迎呢？它有一个灵魂，<u>它不是那种特别专业的，就是去很推销，哎，买这个东西</u>……所以我没有这个希望，就是一定要进什

么行业，一定要是潮流。我不会去想，可能更专业的品牌会去想这个问题。

˄ 创可贴8："其实经营的是艺术" ˅

1. 基于松散合作的设计模式

在设计的操作上，江森海也很有特点：他不会画画，也不会使用设计软件，而且也没有时间自己去亲手实现所有的创意。于是，他请别人来实现他的创意。对他来说，实现创意是最重要的。而且他多是通过与人的松散合作来实现，而不是自己聘用固定设计师。可以说，自由、灵活贯穿创可贴8的设计、推广始终。

<u>我不会画画，也不会使用电脑设计软件。我就找一些学生或设计师帮我。刚开始就是这样。公司发展起来，我没有太多的时间做所有的图案，就找一些艺术家和设计师合作。我通过网络找有创意的人，看能不能与他们合作。</u>要是他们的创意真的好，我就买下来。如果是我自己的创意，我请人帮我画，版权是我的，我付钱。就是这样一个方式。当然，我们也会帮他们做宣传。这样合作不用花太多的钱。

<u>设计团队，就是咱们有很多设计师，在中国，不一定都在北京。我们是通过网上去找到他们的。</u>我的设计师，他的一个工作就是到处去上博客，去找找看有没有什么设计师把他们最近的作品贴上。在博客，作品很好的话，我们会跟他们沟通，说喜欢他们的作品。如果我出一个创意，如果我有一个创意，想出一个图案，觉得倍儿棒，然后，我会看这个设计师的作品，哪个人比较适合把我的创意做出来。

<u>我们特别自由，有两个固定设计师在办公室。但是，一般情况来说，就是一个。然后，其他的都是自由的，就像一个network（网络）一样。</u>然后我们就是，有的时候，我会用他们的作品，去租。比方说，店里有一个特别有代表性的图案，就是孙悟空，那是北京的一个设计师，monkey band做的，然后，我没有给他这个创意，就完全是他自

己的创意，我喜欢，然后，我就每年给他3000块钱，去用。但是很少，大概10%。我网上找的，觉得适合品牌，然后去租用，可能不到10%、5%、8%。

（问：现在一共有多少合作的设计师或艺术家？）15个。就是我愿意跟他们合作的大概有15个，（问：那在网上显示的只是一部分了？）其实我们有很多设计师，跟他们合作过的，大概是15个。（问：那现在把你的创意实现的方式是不是都是这种模式？）对，<u>基本上都是给他们创意，他们做出来</u>。（问：那，这些版权其实都是你的？）但是，如果是别人的艺术，像那个monkey band的孙悟空，我不会去买，从来没有买过别人的，我就去租。但是像文身，是他画的这么大一幅画，原画也是给我。这个我特别……you know（你懂的），这个我一定要，因为这是我的创意。我会跟他们说得非常清楚。这个作品，我给你5千块去画出来，然后原图、版权都是我的，因为都是我的创意，如果同意再往前走，不然会出现问题。

2.善于宣传的非专业艺术家

虽然有这样一个设计团队，江并不认为自己扮演的是设计师或设计总监之类的角色。在内心里，江森海认为自己的公司做的是艺术，进一步说，自己就是搞艺术的。"我自己认为，我是跟人合作，做艺术。"只是，或许是为了避免可能的争议（或者他说的"虚"），对于艺术这个称谓使用得很谨慎。相对于宋洋的专业画家背景，江森海更像是业余艺术家。

对于江森海来说，艺术的界定很简单，"自己有创意，自己有一个方式，你的风格。这个就是一个艺术"。在他眼里，艺术等于创意性的图案，"其实我们在做很多的艺术，很多的图案。咱们的图案，也可以说艺术，很多图案是特别好的艺术"。然后，这些图案通过印在T恤上而展示出来。好玩、有意思、幽默、老北京是评判的标准。可以看出，艺术的主观化、简约化（意义的稀释）和生活化，在这里充分表现出来。艺术，可以是一件很轻松愉悦的事情，不需要过多思考，甚至根本不需要思考。

3.创可贴8与艺术

　　自己有创意,自己有一个方式,你的风格。这个就是一个艺术。其实,我就喜欢做艺术。就是我喜欢做的事情。但是,艺术是一个特别小心去用的一个词,要不然人会觉得你特别虚,特别"飞",我是一个艺术家。就是听你在吹牛。但其实我们在做很多的艺术。很多的图案,咱们的图案,也可以说艺术,很多图案特别好的艺术。

　　其实我这么想,我的公司是一个宣传公司,我们一直不停地在宣传。咱们是一个宣传公司,是做特别好的艺术,这个艺术是在一个product(产品)上,就是T恤。好多人会说,"你是那个有T恤店的人",我不会这么认为,有一个T恤店。我自己认为,我是跟人合作,做艺术。从彩色玻璃的邓小平的那个窗户,到雷锋……我们就把咱们的艺术宣传给大家。用特别creative(有创意)的方式来宣传。编故事是一种方式。然后,这个艺术就是在T恤上。其实,这个艺术也完全可以是在杯子、手机壳,笔记本什么的。但是我们选的是T恤,因为T恤是一个市场,一个非常大的市场,也是比较适合咱们的艺术,因为咱们很多幽默在里面。因此,对,我们是不停在宣传。

　　我会吸引他们,我会给他们看我的创意,艺术的优点,应该可以画出来,就这么一个……就像那个彩色的玻璃,我有一个创意,我闺女说,她去教堂,看到彩色玻璃,我说我应该做一些中国的彩色玻璃,应该怎么做呢。找到一个,在江苏,打电话,那哥们来北京,谈,然后他给你做。我其实没想做T恤,我就想做彩色玻璃,最后变成T恤。然后做了一个展览。展览我限量,0到8的窗户,每个都不一样,因为是手工的。一个窗户卖8888元,在三里屯。有一个展览,很多艺术家。我是其中一个。然后,卖了10个。这就是艺术,而且全是中国人买的。

4.创可贴8与艺术家的合作

　　在江森海而言,和艺术家合作举办的活动就是一种吸引人的手段、噱头,并没有多少深入的考虑。无论是初衷还是方案的商议,如同他对艺术的理解一样，很简单。合作基本都是一次性、灵活、偶然、随性。比如他于2013年与一位名叫"Memuco"的墨西哥艺术家合作的橱窗展示（图3-6）。

图3-6　创可贴8与墨西哥艺术家Memuco合作的橱窗展示

他就是爱画画嘛。因为我喜欢在这个店铺，展示特别，所以我就会经常做一些特别的展示，在窗户里面去做宣传。他说他喜欢宣传，我说要不你一个礼拜天，在咱们窗户里，去画一幅画。他说画什么呢？我说你有什么创意？他说他想画一条龙，我说把这个龙画成8，画一个龙8，行不行。他说好。但是没有把这个做成T恤，他说我的图案不适合，觉得太dark（暗）。<u>但是这就是一个idea，就是艺术，就是去吸引人嘛。他们过你的店铺，看到在画画……</u>

<u>很多艺术家会和我联系。</u>他找的我，说他是一个艺术家。最近，怎么认识的，他说买过我的作品，穿了，一个展览在纽约，发了一些照片，"我在我的展览，在穿你的T恤"。"<u>不错呢，有时间跟你喝一个咖啡</u>"，我说。突然有了一个创意，"要不你在我店里画画"。

他就在那待了一个下午，画完走了。（问：那个画不会放在那？就带走了？）他的画在我办公室。就是一个活动。我以前也是做音乐的，那个门脸都能打开，做成窗户，然后我请音乐（人）在那做吉他，这

个那个。因为做完了，太多人（观看），把胡同堵了。然后警察也是有意见，后来就没做了。（问：除了墨西哥的这个，其他的合作的都是中国人？）对，除非我会碰到老外，我喜欢他的艺术，我也可以跟他合作，不一定非要跟中国人。但是<u>最好是中国人，因为我还是想吸引人。</u>就是：中国的设计师也可以跟我合作做那么厉害的作品。每次都跟老外（的话），我觉得这个不会鼓励人。

⌃ 自我实现：创意高于盈利 ⌄

在强调做自己，追求好玩创意的同时，江森海并不避讳自己重视宣传推广的话题，而且非常坦诚地介绍了自己的观念——坦诚、真实（同时，也很精明）、思路明晰，是江给人留下的最深刻的印象。

⌃ 创意营销：创意是核心 ⌄

对于创可贴8的营销，我都是用比较新颖的方式做，<u>花很少的钱，但是有很大的影响。</u>这是我最爱做的事情。做营销，从网上视频传播，到线下活动策划和执行，都是我自己想的。我们是创意公司，就要不停地做创意，不然就没有意思了，对手就会把我的公司吃掉。<u>我大部分的时候都在想创意和营销。</u>

定位成一个业余品牌的同时，他采用了一种看似矛盾的经营方式：一方面，重视宣传；另一方面，又刻意控制品牌的发展规模。宣传和推销对于他来说是两件不同的事情：推销代表了商业意图，宣传则是争取曝光率，让更多人知道。将创意通过产品和传播方式展现出来，对于他来说就是最大的目标。至于宣传是否可以转换成购买力，或者是否将购买力最大化，他并不那么关注。他在店面规模上的态度更加清晰地表明这一点：相较于扩充店铺规模，他更愿意做一个小巨人。是不是一个合格的商人，他并不在乎。事实上，江森海似乎更乐于经营一个业余品牌。就此说创可贴8的存在是他实践理想、自实现自我的途径，并不为过。

<u>我是一个喜欢创意的人，不是特别在乎钱，而是更在乎创意以及实现创意的过程……我最开心的不是看到公司的利润，而是看到我的店有新产品，有新的装修，有新的创意。我希望80岁时回头看，把我的创意都做出来了，没有任何后悔。</u>

这个店面28平（方米）。就这么多产品就够了，我不想那么多，而且也会给我压力。有的品牌在这开了大店，70多平（方米），火不起来，他们会把一半租出去，因为这边现在很贵，一平（方）米一天15块钱，798跟这差不多。但是这比798好，因为这人多。

其实，做一个商人，我一般，不是特别好。做宣传，我比较厉害。其实创可贴8是一个small giant（小的巨人）。因为他的规模小，但是他的影响力非常大。

我对扩大规模没有太大的兴趣。很多人找我投资，我拒绝了。我一直想成为一个<u>"小的巨人"</u>。

目标消费群

创可贴8的消费群体界定很宽泛，并不特别设定：从"年轻人"到40岁，从中国人到外国人——很随意的描述。这也被江用来"佐证"自己不是一个好商人。虽然如此，江森海对于中国消费群的消费心理其实非常了解。

消费群体非常宽。有的是40多岁会过来买，年轻人也会过来买。老外、中国人。其实你要做一个特别好的商人，一定要选你的客户是谁。因为从那你才能做targeted（定向）宣传，但是我一直没有做。

中国人知道我在玩什么，比如这个鲤鱼，知道结婚的，他们知道的更深。老外喜欢图案，觉得设计得好看。如果他们没有来过北京，看过这个图案就喜欢。70%都是中国人。

（问：现在中国人占了多数，是因为中国人买的多了呢，还是说，买的老外少了？）还是那么多老外，但是突然到了2008年、2009年，中国人就开始多，非常多。<u>因为我开始上很多媒体，然后品牌就开始</u>

有"面子"，跟人一般。其实，开始他们就喜欢我的图案，但是不敢穿，'我就觉得有意思，穿了也好，但是你不够品牌'，'我听说过这个品牌，这个哥们不是上过电视，职来职往'。这个那个，我喜欢这个。（创可贴8）就变成北京的一个古典。就是一个记者，西安的，（说）来北京要吃烤鸭，穿（创可贴8）T恤，就变成这么一个东西。

▲ 过自己想要的生活：从问题少年到成功人士 ▽

在访谈最后，当问到经营创可贴8让自己最开心的事是什么，江森海的回答有些出乎笔者意料。让他开心的不是经营品牌所获得的成就感，或者受到很多年轻消费者的喜欢。而是"让家人骄傲"，以及他通过品牌可以传递给孩子的观念：做自己——过自己想要的生活，不要为别人而活。

> 让我的家人骄傲。因为我小的时候在学校很失败。我高中都没毕业。很早就离开学校，离开英国，也没找到合适的工作，我在英国。我就到国外到处去混，去玩，去工作，去过很自由的生活。然后，突然做了这个公司，让他们骄傲，让我非常开心。因为不是说，我需要人去爱我，但是，突然有一天，我妈跟我说，她很骄傲，然后我特别开心。因为我得了一个奖，我妈就哭了，"I'm so proud of you"（我真为你骄傲）。这是让我最开心的。<u>如果我说心里话，让我妈骄傲是我最开心的。不知道为什么。其实，我一直就想让她骄傲，但是没有做到，过得比较乱。</u>

我小的时候犯过错，还做过单亲爸爸，（有过）一个老婆，跟她分手，三年一个人看着孩子。我爸爸已经特别担心。我做单亲爸爸是从28到31岁。然后，特别叛逆是从18到20岁。就是他们肯定担心我，没有做到什么东西让他们骄傲。

然后这个让我孩子很骄傲。"你知道，老师很喜欢你的衣服，他买过你们的衣服，然后，他在电视上看到过你。"所以这个骄傲也会去鼓励他们。我孩子知道我是比较特殊一点的家长，和别人不一样，有点疯狂。每次都说他们心里的话。有的时候会让他们有点不好意思——爸爸是这么疯狂。但是我希望在我这，我孩子能学到：<u>我是一个"个人"，我一定要过我自己想过的生活，不是要过别人想我过的生活</u>。别人可能希望我留在英国，别人可能想我做房地产，别人可能想要我去学这个，学那个，但是我从小决定：我自己过我想过的生活。然后，一直就是走一步看一步，玩得好，然后我觉得很多人特别想过我这种生活，特别是中国人，但是做不到，因为他们家里给他们很多压力。社会的压力也很大。所以他们看到我和我的品牌，<u>其实品牌的性格也是这样，走一步看一步，走它自己的路，不管怎么样，you know（你知道），还会笑它自己。它不会相信自己的宣传，他就是知道好玩。</u>人喜欢这个。这个在设计方面能看到，在服务方面，在装修方面都能看到我的这种性格，我的个人，我的灵魂，我的心，都在里面。所以这个会吸引我。（问：然后它也让你成功了？）还可以，我成功了。

∧ 小结 ∨

好玩的创意，牛气的宣传，忠诚于自己，这三点可以视作理解江森海和他的品牌的关键词。做好玩的东西，然后以充满创意的方式宣传出去；同时，在品牌的定位和发展上又以业余态度来经营。并非没有商业头脑，而是不愿意使用——非不能也，而不为也。显然，相较于专业性，他更喜欢灵魂性的东西。而这种灵魂，归根到底是江森海的精神世界。无论是幽默反讽的设计，还是其中传递的信息和精神，一切都归于江森海所主张的个性主义立场：做自己。他对品牌的定位以及他对最大的收获这一问题的回答都显示出他是一个爱玩且感性的人。他愿意，而且也致力于将自己与品牌等同——个人的品牌化或者品牌的个人化，于他，没有什么不同。对他来说，品牌即是自己，经营品牌是他的生意，更是他的生活。所以，乐在其中的感受更为重要。出于这种明晰的定位和价值观，他选择做一个宁愿闲置商业头脑的商人，将个性化与商业化这两种意识既矛盾又和谐地糅合在一起。创可贴8这种充满个人色彩的特征，表现出独立品牌（indie brand）的代表特征。与此同时，就其率性的经营方式及其带有艺术哲学意味的品牌理念而言，或许也可以将创可贴8称为艺术化的经营模式。

创可贴8的图案T恤是江森海为了实现自己的创意。对于他们来说，获利固然重要，但并非首要因素。或许正因如此，在经营模式和发展规划上才会很随意，甚至刻意控制其规模。在此，获利不是起因，更像是嘉奖。而这种行为则会赋予品牌一种散发着魅力的独特光环——这种光环在很大程度上便是真实。[4]至于创可贴8与外界艺术家或设计师的合作，更带有自由、偶然、即兴的特点。比如请墨西哥艺术家在店内的创作。无论哪种情况，在客观结果上，这种结合都有助于塑造或进一步强化品牌的真实性。

坏品味与创可贴8两个品牌的共同点是：以生活的态度来经营品牌、设计产品；设计的目的不是挣钱，更主要的是实现自己的创意。如江森海所说："我最开心的不是看到公司的利润，而是看到我的店有新产品，有新的装修，有新的创意。我希望80岁时回头看，把我的创意都做出来了，没有任何后悔……"不过，相较于江森海，坏品味的非商业性特点（以兴趣为导向）更加突出一些。

案例 6　阿尤A-You

图3-7　A-You作品，宋涛设计

2007年中国国际时装周上，中国艺术家宋涛为服装品牌阿尤（A-You）设计了五款服装（图3-7）。是什么原因驱使品牌策划这样一个FAC系列？答案是这些FAC设计承担着品牌推广的角色——表现品牌的创意和原创性（宋涛，个人交流，2007年3月21日）。虽然如此，对于他们而言，这一系列设计的更重要的意义在于这是一系列艺术创作而非商业行为。

这些夸张、戏剧化的设计与服装市

场没有明显联系，而是作为艺术作品存在。宋并不了解时尚，而且对时尚产业或者时尚设计并不感兴趣。尽管今天的消费者普遍来说时尚度很高，他仍然认为新鲜的理念引领潮流，而不是相反。而且，在他的观念里，消费者往往是盲目地追随潮流。"我只关心艺术。""没必要去考虑当下的潮流，我觉得如果你的设计具有原创性，与众不同，它就会脱颖而出。你不必去考虑潮流。""引领潮流的是新鲜的观念，不是潮流引领观念。""我对时尚产业一无所知。""人的消费是盲目的。他们只有在看到时才知道自己想要什么。"因此，严格来说，无论其目的是商业性还是非商业性，A-You的FAC实践是独立于今天国际时尚领域流行的模式的，更倾向于艺术创作。

二、情怀与坚守：小微品牌的真实灵光

结合以上案例，考虑到不同企业规模在管理运营结构和设计师自主性方面的差异，独立运作的小型企业在进行这类合作时可能比大型企业（或国际型企业）更加灵活。"灵光（aura）常常源于诸如地下运动这样的小型组织。它在最初发展阶段，开始创造某些历史，而这些历史将成为它们日后创造神话的基础。其中一个非常重要的因素是这种组织大多数并不是有意制造灵光，相反，这些灵光是伴随它们的行为自然产生。另外一个重要特征是，它们最初在某种程度上是非营利组织。它们常常为自己的所作所为设定了一种理想化的目标，这种观念超越了底线思维（bottom line thinking）。历史上，达达主义和安迪·沃霍尔的工厂都被视作制造灵光的代表性运动。"[4]

这点在隶属于街头文化的独立品牌中表现得更加明显——街头文化自身的特征对于街头服装与艺术的融合也起到了积极的推动作用，尤其是它所蕴含的社交特征以及杂家精神。这在一定程度上也解释了为何它们在当今FAC潮流中得以扮演重要角色。

在街头文化群体中，三五好友一起创建品牌、设计产品的现象很普遍。合作，俨然成为街头文化的组成部分。这在服饰范畴中也不例外：街头品牌常常与艺术家、设计师、音乐人等各种领域的人士进行灵活多样的合作，而且合作频率非常高，以至于合作成为"常态"——有的品牌专门设立了

合作产品线（如英国品牌DH1），有的则以合作作为整个品牌的灵魂。可以说，在街头文化体系中，服装绝对不只是用来"穿"而已。对于忠诚的街牌从业人而言，服装代表的是一个创作空间，品牌则是他们的信仰；而合作，更像一种交流手段——在这种设计过程中，他们可以找到志同道合的朋友，获得一种社交愉悦。正如美国街牌Staple的创始人Jeff Staple所说，街头服装之所以吸引他，并不是物本身，而是与之相关的人。"若干年后，当我们回望过去，鞋子已经不在，而人仍在。我们的故事和友情，这才是最有价值的。"前面说到的法国街牌Sixpack France在这方面也是一个很好的例子。简言之，从品牌经营到产品设计，街头服装无不体现出浓浓的情感和社交意味。从这一角度看，它与艺术的跨界或许可以视为其社交特征的一种表现形式。而这种"社交化"经营模式在一定程度上模糊了品牌的商业属性。

两者的关系还可以联系街头文化中的杂家主义理念来分析。在街头文化世界，设计师和艺术家们很多是自学成才，而且还常常横跨多个领域，推出与生活有关的各种设计。不过，在这些杂家式的实践行为中存在一些共同点，那便是他们对于滑板、音乐、艺术和时尚的喜好，以及对自由、随性、独立而忠诚的推崇（图3-8，图3-9）。之所以如此广泛地去尝试，或许是因为这些创意杂家的关注点在于设计本身，在于美学观念的统一，而不是服装或者其他具体产品。这种杂家观念与科瑞德所说的"创意的不归类性"颇为一致，而这正是创意经济保持活力的根本所在。以美国街牌OBEY为例。其创始人Shepard Fairey的本行是涂鸦艺术，除了服装之外，他还广泛涉足玩

图3-8　艺术家Barry McGee的作品

图3-9　滑板艺术家Jerry Hsu的作品

具、CD封面、杂志等领域。对Fairey而言，他所设计的服装及其他产品都是他于20世纪80年代末所发起的Obey街头艺术运动的延伸。这一运动被Fairey解释为一次现象学实验，旨在激发人们的好奇心，鼓励他们关注自己与周围环境的关系。

就工作态度及方式而言，这类品牌经营者或者设计师体现出一种"波西米亚情结"。对于他们来说，他们做的是生意，也是生活，两者合二为一。由此，我们或许可以称其为"波西米亚企业家"（Bohemian entrepreneur）。与传统不同，波西米亚式生活方式的特点是强调自发性，工作不定时，收入不稳定，生活随性，勉强度日，享受得过且过的生活，而不是朝九晚五的作息安排。对他们来说，工作不是谋生的方式，而是自我实现的工具。因为大多数波西米亚人士是艺术家，通过工作实现自我其实相当于艺术表现以及为艺术而艺术。[5]全部的工作动力在于将工作与生活整合，将生活变为艺术品本身。

第二节
策略性真实营销

一、商业驱动与灵光打造并行不悖

虽然存在一批非策略性真实营销品牌，但是出于策略性营销目的的品牌更为常见，这点并不意外。人们更多地认为（在Thomas、WGSN亚太区内容负责人Teo等媒体人士看来便是如此）商业价值才是它们考虑的关键因素——无论品牌和设计师如何强调他们与艺术家的个人关系。只有在此前提下，诸如玩乐、创新等概念才被允许存在。在这样的思路下，如果说存在任何个人的友情，它也要从属于资本开发之下。虽然一些业者如Yau、Palladini和Nyman倾向于强调商业外的层面，包括对艺术的热情，他们与艺术家的有机联系，但是也有一些品牌实践者在受访时对此并不讳言。时任李宁品牌创意总监的香港设计师S. Chan就说到，他们的动机是要更新品牌形象，和中国年轻一代建立关系。他将这类艺术项目作为软营销（soft sell）的商业策略——与硬营销（hard sell）相对；这种"非商业"形象有助于建立消费者对品牌的信任（S.Chan，个人交流，2009年7月30日）。简言之，在这种情况下，FAC作为一种商业行为而存在。第二章已经详细分析了艺术对于当今品牌的商业价值，相信也正是因为这一点，FAC才会被如此众多的品牌采用。

如前面所说，与体验社会所出现的新型消费文化相呼应，后现代品牌积极展示着自己的真实性和作为自主表现的代言人身份，为此所运用的一个重要手段就是与具有特殊禀赋的社会群体（比如艺术家）联系在一起——这种群体的行为往往是受其内在价值观念驱动，而不是经济利益。换言之，这种结合是一种策略。从路易威登普拉达、迪奥到阿迪达斯、李维斯、匡威、范斯，都属于这种模式。这些跨国品牌都是有意识地将品牌的真实性作为核心价值来塑造，在此理念上策划系列合作。比如阿迪达斯的End-to-End项目、城市艺术家系列、集结原创，匡威的"在路涂"、全民艺术运动等，传递的价值主要有：自我实现、自我身份认同、原创、创意、真实、自由、勇气、冒险、梦想。从根本上说，这些描述其实是从不同视角提出了相同的核心概念：真实。在强调品牌真实性的同时也鼓励年轻人勇于实现自我，做"真实的自己"。在这种情况下，合作——包括艺术家的选择，可以说是建立在深思熟虑的商业考量基础上，包括雇佣相关代理机构调研年轻消费者的兴趣；品牌内部开会讨论来确定人选。

案例 1 路易威登

作为一个时尚与艺术联姻的经典案例，路易威登对创意和艺术性品牌形象的强化不可不提。路易威登虽然不是第一发起者，但在时尚与艺术的融合历程中具有旗帜性的意义。这个成立于1854年的奢侈巨头于1997年任命美国设计师Marc Jacobs为艺术总监。自那时起，品牌正式进军成衣和鞋履领域，并推出FAC企划，密集地与艺术界开展多种形式的融合，包括以限量和非限量的方式推出一次性联合设计（手袋、手表和其他配饰）。

品牌在2001年与涂鸦艺术家Stephen Sprouse合作推出的涂鸦服饰包

袋可以说大大推动了这一浪潮的进程，之后与插画师Julie Verhoeven推出了2002春夏（限量版）。该品牌2003年与日本新波普艺术家村上隆联合设计的风格甜美包袋更是风靡全球，不仅合作时间长、频次也多——双方在2003～2008年间多次联手推出限量或非限量版合作设计。他们的合作也最具影响力。除此之外，它又与Richard Prince、草间弥生等众多艺术家联手，开展了多种形式的合作。更不要说路易威登其他基于艺术的资助项目——比如路易威登当代艺术中心，于2006年开始由路易威登的母公司LVMH集团投资建立，2014年完工并投入使用。建筑师是曾获得过普利策克奖的美国知名后现代主义及解构主义建筑师弗兰克·盖里（Frank Gehry）。

可以说，艺术已经成为路易威登品牌建设的核心部分。说到出发点，Marc Jacobs是希望通过与艺术家的合作来更新路易威登这个已经有150年历史的老牌形象，吸引年轻一代顾客群体。也正因如此，才选择了涂鸦、波普这样的年轻艺术风格，这也是一种魄力的体现。要知道，虽然奢侈品牌与艺术的合作早已有之，但是在这之前都是与传统艺术相携手。

作为艺术总监，Marc Jacobs清楚地知道如何在商业角色和艺术创意间保持平衡："……我对那个非常浪漫的时代一直很关注。那时，可可·香奈儿和夏帕瑞丽和艺术家、舞蹈家一直保持着密切联系。""在路易威登，我把我的角色之一看作是创作与当代艺术世界步调一致的作品。""……我继续为艺术留出专门位置。作为服务于一家国际公司的设计师，必须有大量的创意选择，但是他的位置和艺术家不同，艺术家必须要坚守他的真实内心。"[6]

Jacobs与艺术界的合作引发后面众多品牌加入。可以说，正是这个品牌在Jacobs的带领下在奢侈品领域中引发一场"当代艺术与奢侈品的跨界浪潮（current art-luxe wave）"。

路易威登与村上隆的合作充分展现出它如何将合作作为一种营销策略方式将艺术家的真实性转移到自身品牌中去。为了吸引顾客的注意力，这些系列出现在很多时尚杂志上。从2003年1月起，路易威登花费了将近3500万美元用于推广这四个系列，他们的投入是有回报的。从2003年2月17日（Murakami手袋在品牌官网上首次发表的时间）到2003年8月1日，登陆路易威登官网的访客合计超过500万。截至2005年2月1日，通过路易威登店铺和网站在美国售出了来自这四个系列的超过71000件路易威登手袋和配饰。可以看出，作为一种营销策略，品牌围绕合作在推广宣传上不遗余力，包括走秀、媒体广告、在布鲁克林博物馆发行Murakami 2008系列，同时，配合这位艺术家的展览（不同的项目有不同变化），以此表现创新性和它们与艺术界的紧密关系。

这些设计随后的扩张展示出这次合作的成功。2005年，路易威登与村上隆合作推出了一个皮具产品新系列："Monogram Cerise"，其特色是在传统的棕色字母组合帆布上配以明亮的红色樱桃与笑脸。路易威登产品上的村上隆图案显然继续吸引着顾客。村上隆2003年为路易威登设计的图案在2006年再次出现在"Love Monogram" Tambour腕表上。这款腕表独家限量发行500件。每款表在背后都有1～500编号。而且，Multicolore手袋系列2003年首次发行，2007年在香港的店铺内仍在销售（即本书第一研究阶段）。这些都显示出艺术合作中品牌的商业考量以及艺术家的商业价值。

路易威登日本市场的负责人幡田次郎（Kyojiro Hata）在其著作《路易威登日本：构筑奢华（Louis Vuitton Japan：the building of luxury）》中的介绍从另一个角度解释了为何品牌会启用这一策略——基于路易威登对新世纪社会和消费者的理解：随着21世纪的来临，以标准化批量生产为基础的工业基础设施和效率优先的政策已经走向末路。路易威登需要提供附加值，某种能够唤起人们情感的东西。公司还需要集中在原创、独特的产品的发展上，知道具有自己观点和原创性的人们会受到珍视。如此，对于这个品牌热衷于同艺术家合作的现象并不难理解。

据幡田次郎所说，通过艺术合作策略，路易威登成功地更新了品牌形象，进一步巩固了消费者忠诚度，并扩大了其市场份额。通过与艺术家合作设计的多种时尚、精美的手袋和配饰让路易威登实现了现代文艺复兴。这些新品不仅让常客有机会重新了解品牌，而且还带来了全新的顾客群。

案例 2　阿迪达斯

阿迪达斯作为品牌与艺术联姻的另一个代表性案例，1926年成立于德国。自2000年开始，品牌开始致力于打造真实形象，并将重点放在原创和历史上——前面已经说过，真实包含多重维度，在具体运用中可以灵活运用。与德国哲学家Johann Gottfried von Herder（1744～1803）的名言遥相呼应：对于如何做人，如何做真实的自己，我们每个人都有自己的独创方式。这点体现在阿迪达斯三叶草之中。三叶草曾是阿迪达斯的Sport Heritage的核心部分，后来发展成为运动风格。

2001年，阿迪达斯专门成立品牌副线三叶草，定位为街头时尚品牌。三叶草的定位是"传承阿迪达斯品牌的传统、竞争力和真实性"。该品牌明确提出创新、真实、原创和经典（innovation，authenticity，originality and classic）的价值体系，旨在通过满足其多变的口味来提升顾客的忠诚度。目标消费群为时尚领袖、潮流引领者。三叶草全球首家店铺于2001年在柏林米特区开设。自2005年开始，成为阿迪达斯与艺术跨界合作的主要部门，品牌开始从艺术领域获得新鲜的灵感和能量来塑造自己的真实和原创形象（表3-1）。

表3-1 阿迪达斯三叶草2005～2008年与艺术界的跨界汇总

项目	备注
合作模式	高频率短期合作（2000年，2005年，2006年春夏，2007年秋季）；限量版与非限量版的结合； 其FAC项目自2005年左右变得日益密集； 常常会以艺术家团体模式开展合作项目（比如35周年庆系列，End-to-End项目和Adicolor系列）
FAC项目	Adidas & Mark Gonzales，2008年； Adidas & Fafi，2007年； Adidas & Smart，Skore，Can2，Atom，Scien，Siloette and Rime，2007年（限量版，End to End项目）； Adidas & LeRoy Neiman，Cey Adams，Eric Bailey，Usurgrow，Shephard Fairey，2007年； Adidas & Mike Giant，2007年； Adidas & Peter Saville，Bill McMullen，Twist，Cey Adams，Jim Lambie，Claude Closky，Fafi，Taro Okamoto，2006年（Adicolor系列限量版）； Adidas & Shin Tanaka（时间不明确）； Adidas & Dave Kinsey，Evan Hecox，2006年； Adidas & Andy Warhol，Lee Quinones，2005年（限量版）

续表

项目	备注
艺术家身份	倾向于选择波普类艺术领域（波普艺术、街头艺术、漫画等）的知名艺术家作为合作伙伴； 邀请艺术家和其他领域的创意人士一起参加一些集体合作项目，比如品牌的35周年庆
FAC分类	服装和球鞋类
推广活动	采用网络媒体，现场表演，产品展示，自始至终的创作过程展示以及艺术家叙述。不过在不同的合作项目中会有所差别
概念亮点	个性、真实； 在不同的合作中从不同层面表达品牌价值观（经典/永恒，多样性，自由，表现自我）。频频强调品牌与艺术界和艺术家（如安迪·沃霍尔）之间的个人联系
与艺术界的其他关联	艺术资助（包括展览和比赛）
与其他领域的关联	自2001年，阿迪达斯已经开始通过合作跨入其他领域，包括它与日本著名设计师山本耀司，英国时装设计师Stella McCartney所分别展开的合作； 他们和音乐人、产品设计师也建立了合作关系

注：本表所列跨界信息收集于博士研究生阶段

三叶草系列持续蓬勃发展，不断扩大着它的消费群体。截至2009年，三叶草系列在公司的营业总额中占有的比例达到30%。而阿迪达斯品牌也成了运动风市场中风潮的创造者。如前所述，这正是创建三叶草的目标。此外，因为三叶草是Sport Heritage的核心部分，其艺术项目的贡献也可以从作为阿迪达斯品牌重要增长驱动的Sport Heritage所取得的成绩中了解一二。［一直以来，品牌与艺术界的合作从来没有间断。比如2018年TBT 123KLAN×ADIDAS的End-To-End项目，2019年，阿迪达斯三叶草与已故美国波普艺术家Keith Haring合作推出运动鞋胶囊系列，与日本传奇艺术家田名网敬（Keiichi Tanaami）合作推出"Gallery Series"，为庆祝阿迪达斯的明星线"urban trainers" NMD在韩国的开幕，举办了Past Empowers Future展览，当地八名艺术家参与此次展览。］

阿迪达斯在中国也开展了一系列跨界活动，基本上也都是在围绕真实价值观念展开。详细讨论见第八章"国外品牌在中国的表现"部分。

案例 3 李维斯

表3-2 李维斯2000～2009年与艺术界的跨界汇总

项目	备注
大事件	1996年销售额为71亿美元，达到顶峰。之后，李维斯的销售额几乎连续十年下降，直到2005年、2006年。1999年，当时品牌仍在恢复的过程，品牌开始将时尚、艺术和音乐融入零售概念之中，奋力提升，优化产品系列，提升创新性和时尚度
规模	全球约有60000零售点，包括260家直营店，约1500家专营店
价值体系	原创性、真实性以及创新性； 自由； 唯　性和地下形象； 与波普文化和街头风格关联
FAC目标群体	潮流引领者
合作模式	长短期合作； 高频次合作； 自2005年，品牌不断推出FAC产品，不过它的首次合作可以追溯至2000年。品牌用了两条线路发展与艺术家的合作：一方面，与艺术家（如安迪·沃霍尔，Kaws）建立了长期合作关系；另一方面，与艺术家推出短期合作设计，如艺术家邹蕴盈、涂鸦艺术家Slick（地域性发布，或者出于展览目的） FAC项目 Levi's & Futura，2000年； Levi's & Carrie Chau，2005年； Levi's & Slick，2006年（12件手工夹克）； Levi's & Kaws 2007年，2009年； Levi's & Andy Warhol自2006年至2008年； Levi's & Andy Warhol，Damien Hirst，2008年； Levi's & Damien Hirst，2009年； Levi's & Simone Legno，2009年

续表

项目	备注
艺术家身份	既有国际知名艺术家（安迪·沃霍尔，Damien Hirst，Kaws），也有地方艺术家（如针对亚洲市场而合作的中国香港插画家邹蕴盈）
FAC类别	服装（牛仔裤、夹克、T恤等）
推广活动	T台秀（Levi's & Andy Warhol）； 以Gagosian画廊为T台发布地点（Levi's & Andy Warhol & Damien Hirst）。出版了一本名为"Warhol Factory × Levi's × Damien Hirst"的书，描述了两位艺术家的共性，包括观念上的共鸣之处，同时也强调了Warhol × Levi's系列的核心灵感
概念亮点	合作者与李维斯及波普文化的个人相关性
与艺术界的关联	资助艺术展览
与其他领域的联系	资助音乐活动，与其他时尚品牌及设计公司开展合作事宜

案例 4 范斯

范斯成立于1966年。核心产品包括有关滑板、冲浪、滑雪、摩托车运动的鞋、服装、配饰。

表3-3 范斯2005～2008年与艺术界的跨界汇总

项目	备注
价值体系	原创；个性；创意；时尚；经济
目标群体	10～24岁的年轻人和运动团体
合作模式	自2005年，频繁推出短期合作款设计； 限量款与非限量款相结合； 调研显示自2007年起，品牌以节日和季节系列等不同名义提升了推出FAC项目的频次
FAC项目	Neckface，2007年； Robert Williams，2007年； Wes Humpston，2007年； Dennis Mcnett，2008年；

续表

项目	备注
FAC项目	Marco Zamora, Sage Vaughn, Kelsey Brookes, Cole Gerst, Derek Albeck, Jophen Stein, 2007年； Niagra（时间未知）； Mr Cartoon, 2005年, 2007年； Keren Richter（时间未知）； Chaz Bojorquez, 2007年春季； Taka Hayashi, 2006年, 2008年； David Flores, Futura, Gary Panter, Geoff McFetridge, Kaws, Mr. Cartoon, Neckface, Sam Messer, Stash, Taka Hayashi, Todd James, Tony Munoz（时间未知，限量版）
艺术家身份	既有领域内的大家，比如涂鸦和文身艺术家Wes Humpston, Neckface, Mr.Cartoon, Kaws及Futura，地下漫画家Robert Williams及Gary Panter，也有相对不知名的艺术家。整体来说，街头艺术风格是主要形式
FAC类别	T恤，帽子，球鞋
推广活动	视艺术家简介/传记为重要参考点（发表于品牌官网上）
概念亮点	艺术家与滑板和范斯的私交； 艺术家的反文化和有争议的身份（职业）； 在地下艺术领域的影响力；受漫画影响的风格； 艺术家与朋克文化的联系（自20世纪70年代末），艺术文化（20世纪80年代）及城市街头装； 艺术家与现代街头滑板体验的相关性（20世纪80年代的滑板文化）
与艺术界的其他联系	Vans Sky画廊
与其他领域的联系	2004年范斯借助与设计师Marc Jacobs的合作打入高端时尚领域； 自2007年以来，品牌与音乐、体育和时尚等领域创意人士及品牌发布了一系列合作

案例 5　MSBAD

　　这是一个创建于2012年的年轻品牌。创始人是以动漫绘画见长的青年艺术家宋洋,已经出版多本漫画书,并多次在动漫绘画展览上获得奖项,被国内外媒体冠以"中国的村上隆"。从称号上就可以看出宋洋的艺术态度:艺术家不仅要有创作才华,也要善于经营,具有发达的商业头脑。

　　2005年,宋洋首次在法国巴黎安古兰动漫艺术节签售,从那里获得灵感创作了一个女孩形象,名字叫坏女孩(Bad Girl)。宋洋将坏女孩描述为一个中国当代个性女孩,性感、甜美而邪恶,"对一切美好的、艺术的、潮流的、创新的事物极具兴趣","有个性、有追求、喜欢丰富趣味的生活"。坏女孩成为他最具标识性的符号。自2005年以来,这个富有辨识力的人物形象以及他所赋予这个形象的特定内涵成为展示宋洋的创作理念、独特性和创新性的核心(图3-10,图3-11)。

　　宋洋是位多面手,同时扮演多个角色——画家、动漫艺术家、设计师、音乐人等。他经营着自己的艺术机构——宋洋美术,还是跨界积极分子,对跨界的态度积极而开放,与耐克、HOGO BOSS、Agnes b.、施华洛世奇、

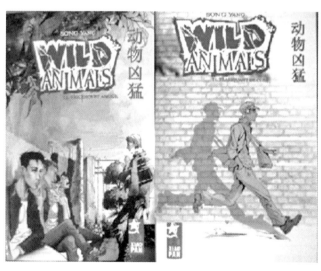 

图3-10　宋洋为王朔创作其代表作《动物凶猛》漫画本(电影《阳光灿烂的日子》漫画对照本)　　图3-11　宋洋的油画版坏女孩

奔驰Smart、谷歌、Tiger Beer、羽西、李宁、汉王等多个国际品牌进行创作与跨界设计。对他而言，画画和音乐的意义一样，都是在表达同样的东西。跨界如同掌握一门新的语言，让人更加融会贯通。这本是一种自由行为。不过，在他看来，国内艺术界的观念还比较保守，似乎更加推崇传统、纯粹的创作状态。

笔者在与宋洋的访谈中，明显感知宋洋对国外潮流界中的跨界标杆人物非常了解，并以此来作为自己跨界行为的正面依据。"像欧洲，包括藤原浩、Nigo（注：两人都是日本著名街头品牌的掌门人），还有很多这种作者，他们在欧洲和日本都是一样的，都有自己的潮流品牌，然后有自己的唱片的label（标签），公司，自己打碟，然后会唱歌，然后除了设计服装之外，自己也会画油画。"

在合作方面，宋洋经历了一个由"玩"到"经营"的姿态转变：最初的心态很简单，当作一件好玩的事情来做，而现在则更多是以经营者的心态，站在产业的视角，有意识地策划合作，从而在角色上完成艺术家向企业家身份的转换。

> 以前比较简单，比较好玩，比较有意思，可以让你觉得比较进入不同的行业里面……但是现在还是以产业的形式去看它。现阶段，单纯的赚钱并不是那么重要……我们现在做的很多事是一个局，是一个产业。否则对我来说没有意义。

宋洋不仅对于自身的艺术才华和优势有着清晰的把握，而且，他还会有意识地去分析这些特征，进而加以运用。无论是跨界运作潮流品牌的案例，还是与国际品牌的跨界合作，亦或是对藤原浩、村上隆这些艺术家跨界行踪的熟知，无不展示出宋洋对于外面世界的深入把握，以及他对潮流的高度敏感。

> 我现在在摸索，为什么我的东西在淘宝……手机壳什么的，我们单日销量可以达到两万件，包括我跟这么多的品牌，包括我跟Agnes b.,

还有芬迪（Fendi）——新的在谈的这样的大牌。<u>为什么这些品牌会跟我的这个东西合作？</u>就是它还是有一些逻辑在里面，比如<u>我绘画的状态更易于现在的青年阶层，或者年轻的，这些有一定的，看着动漫历程起来的这些人接受。</u>

当时我的用色是红蓝，这些颜色在传统的欧洲绘画里，殿堂级别的绘画，是不可能用这种去配色的。它在一个传统的古典的绘画里属于坏的颜色，所谓不能这么配的颜色。但是东方来讲，<u>比如村上隆LV（路易威登）那个包，那个小樱桃，它几乎所有用色的方式都是类似于这种，它那种视觉冲击非常强大。但是按西方传统的美学来讲，它是很失败的，很差的配色方法，是完全没有美学逻辑的。但是在我们绘画方式来讲，它是一眼就可以吸引过来，同时你是保持了你自己的绘画的美感。</u>

作为一名企业家式艺术家，宋洋非常善于宣传自己。除了期刊媒介的介绍，他还经常通过微博、微信这些自媒体工具实时向自己的朋友、同事和艺术爱好者公开其日程，包括工作、商谈、聚会、心情等各个方面，展现出一个行为高调、积极活跃的社交达人、经营者的形象。

MSBAD品牌可以说是宋洋艺术的延伸。他的目标是把坏女孩这个形象更多地延展，向波普方向推进。宋洋的主张属于波普艺术的精神，对于有着"日本的安迪·沃霍尔"之称的村上隆的扁平观念很推崇，相信未来的艺术一定是大众和精英领域的平衡。

MSBAD所体现的潮流性是宋洋在其绘画根源的表达，风格上具有青年文化的特征：绚丽、张扬、凸显个性，主张"回归率真自我个性，展现新自由主义生活态度，力创新一代艺术流行时尚文化"。在产品上，品牌以坏女孩的形象及精神为核心元素进行内在外化的产品设计。围绕这样一个角色创造她的服装服饰、玩具礼品、生活用品、装饰物，以及她男朋友的装扮等一切周边产品。

品牌在发展上目标明确。通过品牌化运作，将宋洋的艺术与实业结合起来。在销售渠道、产品的设计模式、客户定位方面，也有着清晰的规划布局：销售渠道以电商为主；在设计上，宋洋提供创意和风格定位，然后由其下面的设计师完成。

> 我的想法比较简单，就是我艺术这块的东西能够进来。它是一个完整的。通过我艺术的创作，品牌的运作，就是个体跟实业的一个结合，它也是我一生或长期的一条路。包括在电商中是一条非常重要的路。
>
> 基本上主要以电商为主……设计这块，我底下有2个设计师。一般我出创意，我会把这些东西做一个简单的拼贴，风格色彩的定位。然后他们做方案，我再审……未来可能就是跟优衣库一样，我们会固定几种东西是我们的风格，就不停地换图，或改变它的样貌就可以了。

此外，不同于创可贴8和坏品味对顾客群的模糊定位甚至不定位，MSBAD的目标群体比较明确：关注风尚、年龄在18～25岁的青少年以及注重生活品质、年龄在25～35岁的都市新贵。

> 具有敏锐感知力的新一代中国青少年。年龄在18～25岁的学生及刚加入工作的潮流人士，他们关注流行指标和风尚生活，着装观念与生活态度。
>
> 着力强调潮流风向与街头风格的搭配，是城市青少年的代表人物或代言人。
>
> 注重生活品质的都市新贵——消费群体定位于25～35岁的都市新贵，拥有较高的学历和收入，具有很好的审美情趣和生活品味。

不过，MSBAD目前的定位虽具有潮流品牌的特征，但是这只是前期的表现。按照宋洋的规划，这个品牌的最终目标是打造成一个艺术生活品牌，与大众生活更接近。如此，可以更加充分地实现他所推崇的精英与大众兼顾的扁平理念。

> 其实我们的定位不是潮流品牌。但是前期，就是一个潮流品牌的模

式。我们是希望做艺术生活品牌。因为当中有家纺,所以我们希望让它更生活,比如水杯、床上用品。我希望它做成一个大众的。因为这个大众的东西……我的艺术,它的精英化、学术化或者专业化会让它越来越贵,我画的画会越来越偏极致。但是,我的服装延续了那套理论,但是我希望它是扁平的,相对更"淘宝"的,是两极的。

这些规划清晰地表明,宋洋对于MSBAD这个品牌的经营,远远超过个人喜好,他是以实业家的身份在精心运作。这点从上面提到的他对自己与品牌合作的原因的介绍也能看出来:"现在还是以产业的形式去看它。现阶段,单纯的赚钱并不是那么重要……我们现在做的很多事是一个'局',是一个产业。否则对我来说没有意义。"

可以说,宋洋不仅是一位成功的艺术家,也是一位讲究谋略、思维缜密的企业家。这点从其自身认知、MSBAD品牌规划和推广,以及他对国内外潮流动态的熟知中,都清晰可见。就其本人来说,他给笔者留下的印象是做事高调张扬、言行自信又态度随和、健谈、善于宣传,同时也很真诚,丝毫没有成名后的傲气。对于问到的有关艺术创作、品牌运营及国内外潮流文化等问题都予以了坦诚介绍和交流。

如上所说,宋洋扮演了两个角色:一方面作为艺术家,他勤勉创作,继续展示自己的艺术才华;另一方面作为企业家,他又不遗余力地将自己品牌化,并积极打造着自己的艺术创意产业。从其创作经历和品牌经营理念来看,宋洋作为当代艺术家,表现出创意经济时代艺术家的突出特征,即:集艺术才华与商业意识于一身,对潮流极度敏感。这种发展模式遵循了与以安迪·沃霍尔、村上隆等为代表的波普艺术观念。对于宋洋,村上隆的影响或许更为直接,"中国的村上隆"这一媒体称谓及其身体力行的实践扁平艺术观都是很好的说明。

在访谈中,宋洋也几次援引村上隆的艺术观解释自己的行为,比如扁平艺术的概念。宋洋深谙艺术的商业化运作或许也可以联系到村上对于艺术与金钱、营销的关系的看法。对于金钱和营销公关技巧,村上毫不讳言,甚至认为这是必要的。在他看来,"如果没有生意手段、经营手段,是无法持续艺术制作的"。有原创而不去推销，这种态度是不可取的，因为策略是现代社会的竞争中不可缺少的，如此才能"确保制作作品的场地跟资金"。[7]很多人将非商业性视作艺术的特质（比如在讨论时尚是不是艺术时，商业性就经常是争议的重点），而在波普艺术世界观中，这点被断然排除了：相对于纯粹，像村上这样的波普艺术家更在意的是"灵感的高纯度"。

对MSBAD这个品牌，同样可以从两个视角理解：一则，它是宋洋将自己的艺术产业化的一种形式；二则，作为艺术创作方面的延伸，它也是宋洋建立自己的扁平世界的一部分：让艺术家的创意可以为更多年轻人、大众群体所了解，将价值理念进行大众层面的普及，在扁平世界中，实现精英艺术与大众艺术的平衡。这或许可以视为是宋洋作为一名艺术家的诚意之处。就艺术与时尚的融合来说，这个品牌属于艺术的时尚化运作（fashionization of art），与本书中其他品牌作为时尚的艺术化运作（artification of fashion）属于相反的方式：较之其他品牌借助艺术来丰富和演绎品牌精神，MSBAD是在借助服饰将艺术融入潮流，拓展艺术边界。

宣扬真实、自我、自由的价值观，并有意识地通过商业手段将艺术予以潮流化。就这种真实与商业之间自由行走的方式来看，称宋洋为波西米亚企业家在国内创意界的一个范例，或许并不过分。

案例 6 Dusty

来自中国香港的服装品牌Dusty致力于打造地下品牌形象。自1997年建立以来，它以短期形式同包括服装、艺术、音乐、玩具、杂志等领域进行了多种形式的跨界合作。[8]在这些跨界中，Dusty于2007年推出的FAC企划Dusty by Andy Warhol是为数不多的一次长期合作（图3-12）。作为波普艺术传奇人物，安迪·沃霍尔在时尚品牌中享有盛誉。Dusty的计划是借助这一合作将波普艺术介绍给其男性顾客，抓住具有文化素养的时尚顾客和大众时尚消费群；与此同时，这一系列也被用来拓展其国外市场（Ma，个人交流，2007）。而且，Ma很清楚，相较于其他榜样，艺术家的较少商业气息形象在吸引消费者方面具有自身优势。在Ma看来，通过这种特点，他们可以抓住那些抗拒硬广告的小众消费群体。同时，Ma也强调他们不会不顾主流时尚群体，对于那些人来说，跟上潮流是最重要的考虑。"艺术在人们的心中不会那么商业……比如，当我们和另一家商业公司合作时，可能人们把最后的产品视为商品。如果合作人是画家或图案家，人们就觉得合作没有那么商业……非商业的东西，我觉得，会吸引一个小圈子。对于绝大多数人来说，商业或非商业不重要。对于他们，潮流更重要。但是如果我做非商业的东西，我可以接触到这个小圈子（同时也不会放下大多数消费者）。如果我做商业的东西，对于那个小众群体来说就没有什么意义。做（非商业的东西）是要覆盖这一小众群体。""沃霍尔是一个非常有代表性的人和品牌。和他合作我们多少都会受益……在国外市场可以帮到我们，因为我们在国外市场有产品销售……。""如果我们自己做服装，服装就会一直是我们自己的风格……但是沃霍尔的东西，举例来说，是这么地'波普'，和我们的服装的元素完全不同。所以，我们想要对我们来说很新鲜的东西，然后把它们放在一起，这样可以促进化学反应的产生。"（Ma，个人交流，2007）

图3-12　Dusty by Andy Warhol

该品牌的表现暗示出FAC的运用采用的正是构建真实形象的路线，注重利用安迪·沃霍尔在独特性和非商业性方面的价值，当然还有其知名度。

二、真实相对论

（一）两种真实营销类型的相对性

总体来说，虽然不同品牌与艺术的合作在具体执行方式上表现得非常灵活，动机也不一而论，但是就品牌方通过FAC所传递的信息以及发起原因来说，这一跨界行为在很大程度上围绕"真实"价值观展开，以树立真实品牌形象为导向。与策略性真实和非策略性真实相应，FAC景象表现出两种真实形式：自然真实（natural authenticity）及虚假真实（fake authenticity）。对此，Beverland曾有讨论。[9]所谓人为真实指的是，消费者理解为品牌真实性的东西实际上是真实的形象或者真实的印象，未必是"真实"的真实。

需要说明的是，这里对真实营销所做的两种划分是基于FAC与营利目的和计划性的相关度，旨在更加清晰地阐述"构建真实"作为一种营销行为所依存的环境类型，同时也指出自发性与有意识两种行为所表现出的差异性。其实，策略与非策略是相对而言，如果深究的话，会发现这个界限立刻变得模糊起来：按照Nyman所说，他们和安迪·沃霍尔的合作是基于他们公司的计划，而非他的建议；但是他策划了品牌与Damien Hirst的合作。基于Andy Warhol系列是品牌管理层的决策的结果这一事实，可以说，这一系列的出现具有策略性含义：与波普文化建立关联。与Andy Warhol系列不同，Nyman与Damien Hirst的合作则表现出FAC的偶然性特点：如Nyman所讲，Hirst系列的问世是Damien在纽约Barneys购买Warhol系列的结果。随后，这位设计师问他是否愿意和李维斯合作。在这种层面说，这次合作很大程度上是基于一种情感因素，或者说带有灵光乍现的意味。如此，它们的商业意味就有所变淡，即使其合作还是要得到公司的同意。

不只是以商业利益为驱动、以市场为导向的品牌企业讲究策略，即使是相对更加自由的独立品牌，在今天的合作中也越发讲究策略。独立品牌中有建立社交网络的传统，在过去主要就是为了一起"玩"，在此基础上会出现偶发性的合作。但是现在这种关系网开始越来越多地带有目的性。[10]创可贴8的合作模式可以说就是一种有意识的策略,当然方式很灵活。如江森海所谈到的,"我通过网络找有创意的人,看能不能与他们合作。要是他们的创意真的好,我就买下来。如果是我自己的创意,我请人帮我画,版权是我的,我付钱。就是这样一个方式。当然,我们也会帮他们做宣传"。可以看出,这种合作已经与独立品牌的传统大不相同。近几年,随着"融合"的普泛化,跨界概念已经被提高到营销战略的高度,成为独立品牌和企业品牌频繁使用的手段,商业色彩越来越浓重。即使是街头服装也不例外。随着街头文化的主流化和商业化,其当初的"意见"性价值也被大大稀释,图案开始更多地强调视觉冲击力和形式层面的装饰性。其他的例子还包括前面所介绍的Sixpack France和Maharishi,相较于几年前的表现,如今在品牌定位和发展方向上就更多了几分商业性,而且运作得更为规范。

对于出现这种调整的原因,其实不难理解。毕竟,作为企业,首要是能够生存下来,没有经济的支撑,仅凭情怀和兴趣难以走远。或许可以说,真实营销越来越多地表现为一种半商业半态度的营销模式。Ma从总体上对此现象做了一个类似评价:同艺术家的合作已经变化了——1990年代,这种行为就是纯粹地传递信息,教化大众——基于非商业动机;今天,则是出于一种混合目的——半商业,半启蒙。品牌的真实性越来越多的是有意识地构建、策划出来的。换言之,策略性真实营销是主导性类型。正是在这种情况下,品牌与艺术的跨界合作越来越频繁,"艺术化"成为一种营销策略,成为品牌转型升级的一种有效模式。

(二)策略性行为的真实灵光

理论上来说,真实与商业性是相对立的,"存在一个市场之外的空间,那里可以让真实生根发芽开花",这种理想之境所塑造的身份拥有不受政府约束的自由。[11]这种乌托邦式的二元对立是创意和商业文化走到一起的关键。然而实际上,并不存在这样的理想场所。这意味着在营销领域,真实或多或少都带有虚假(人为)成分,或者说是调和后的真实——对于以商业利益为驱动、以市场为导向的品牌企业,尤其如此。比如在艺术家的选择上,品牌往往是经过谨慎考虑、甚至市场调研之后做出决定,而非全然的偶然性，如前面介绍阿迪达斯的选择过程。虽然有些合作的发生具有一定的偶然性，但也是与其品牌核心价值和企业目标一致的。

虽然真正的真实难以存在，但是这并非说人们不能获得真实感。如前所说，真实具有多维性，这便意味着人们获得真实感的途径不止一条。同理，品牌真实形象的树立也并非纯粹由营利与否或计划与否决定。在具体操作中，品牌仍然可以以真实的方式带来真实产品，让受众获得真实体验，而且在具体的合作行为中会有一定的灵活性和偶然性。对于偏向营利导向来营造灵光的企业来说，它们和非营利组织或地下运动具有相似之处。这些企业确实是以获利为导向，但是与其他企业的不同之处在于它们为了成功所采用的行为方式，以观念、价值和强烈的愿景来指导工作是理解地下运动的关键因素。许多今天的大公司当年是从车库起步的。[4]比如，路易威登、阿迪达斯等树立了明确的品牌文化，并从不同角度以不同形式对其价值体系、生存主张进行持续强化。

就MSBAD来说，宋洋在品牌规划和艺术创作方面的商业性倾向虽然很明显，但是他依然保留着自己作为艺术家这一身份。他的作息时间具有典型的创意人士的特点：早上七、八点是大多数人开始上班的时间，却是他睡觉的时间，直至下午三、四点左右。下午起床后到晚上是处理公司事务，或者与人商谈工作的时间。深夜，当人们进入梦乡，他开始艺术创作，通宵画画或读书至清晨。作为身兼数职的艺术家和实业家，宋洋的工作非常忙碌：艺术创作，举办展览，拓展工作室，经营签约艺术家，商务会谈等。然而，因为是创意性质的工作，虽然工作繁忙，但多是在吃饭、饮茶、聊天这些看似惬意的社交方式中进行。这种社交式的工作方式，再加上日夜颠倒的作息时间，展现出一种波西米亚生活方式，而这在一定程度上冲淡了商业性，维护了艺术家的真实性。

品牌与艺术结合的策略性考量在后面章节的讨论中也可以清楚地看出来——正是因为它作为一种策略所具有的可操控性才对企业具有参考启示性，也才有本书的第二个研究目标，即分析其运作机制，为企业在相关领域的实践提供理论支撑。

参考文献

[1] Mermiri T. The transformation economy in business [M].//Beyond experience: culture, consumer & brand. UK: Arts & Business, 2009: 77-78. www.artsandbusiness.org.uk.

[2] Sixpack France. About sixpack[EB/OL]. [2009]. http://www.sixpack.fr/shop/content/4-a-propos Jules C. Sixpack. 2008, Retrieved from http://www.formatmag.com/features/sixpack.

[3] http://www.mhistore.com.
http://www.wgsn.com/members/youth-market/features/ym2004oct19_009544.
http://www.formatmag.com/fashion/maharishi.
http://www.wgsn.com/members/news/dailynews/200309/19/180_2003sep19.

[4] Björkman I. Aura: aesthetic business creativity [J]. Consumption Markets & Culture, 2002, 5(1): 70.

[5] Becker H S. Art worlds [M]. Berkeley: University of California Press, 1982. Caves R. Creative industries: contracts between art and commerce [M]. Cambridge: Harvard University Press, 2000.

[6] Wicker O. Marc Jacobs: We have the same references [N]. Liberation, 2008(2): 29.

[7] 村上隆. 艺术创业论[M]. 杨明绮, 译. 台北: 商周出版社, 2007: 43, 49.

[8] http://www.dusty.com.hk/.

[9] Beverland M B. Crafting brand authenticity: The case of luxury wines [J]. Journal of Management Studies, 2005, 42(5): 1003-1029.

[10] Hauge A, Hracs B J. See the sound, hear the style: Collaborative linkages between indie musicians and fashion designers in local scenes [J]. Industry and Innovation, 2010, 17(1): 114.

[11] Banet-Weiser S. Convergence on the street: Rethinking the authentic/commercial binary [J]. Cultural Studies, 2011, 25(4-5): 653.

第四章

品牌艺术化的机制与类型

  品牌在具体实践中是如何运用这种策略呢？或者说，品牌如何通过艺术来塑造真实形象？真实的品牌，真实的艺术家，真实的产品……"真实"这样一个感情色彩浓重的概念如何得以呈现并传递给消费者，以便让他们可以有效感知？答案"藏"在从策划、制作到营销推广等多个环节。前一章从合作动机和传递的价值信息两方面进行了分析，这些特征一般可以从品牌对合作由来的描述里面可以解读到，相对较为直观，其他几方面的运作则表现得复杂许多。大致可分为两类。一类是通过具体的合作形式将品牌艺术化，以一种潜移默化的方式把艺术的真实性转移到品牌和产品中，达到塑造品牌真实性的目的。另一类是通过与艺术的合作为消费者提供好玩、有参与性的体验，以及其他交流方式为消费者提供真实感。本章节将结合案例对此展开分析。

第一节
多样化的合作类型

一、产品——占有性个人体验

对消费者来说，FAC产品具有一个独到优势：艺术在此语境中以商品形式被消费，可以被人以私有化方式穿着。与资助艺术活动或者艺术化的室内设计相比，这些产品更加个人，也因此可以更好地满足消费者占有诸如个性、原创和独特品质的需求，因为在这样的个人化过程中，消费允许人们"通过购买来分享独占性意识"[1]。我国运动品牌李宁的前任设计总监S. Chan认为，消费者对这样的产品更加感兴趣，因为他们可以购买，亲身拥有这些产品——尽管因为价格昂贵或者限量生产，他们中大多数人买不到，至少他们有这个机会。这种观念在一定程度上或许可以解释FAC产品在时尚营销领域的盛行。此外，S. Chan相信FAC产品对消费者的吸引力会促成其吸引媒体的特别优势。"为什么我需要制作可以销售的产品？因为如果我没有产品卖的话，媒体没有兴趣报道。你或许会问为什么它们对可售卖的产品感兴趣。（因为）它们不喜欢纯粹的美术展览。当媒体、杂志……它们在杂志上放新闻的目的是为什么？为了它们的读者。如果某些东西和读者相关，他们读起来会很开心。'这件事情和我有关系。哦，这是跨界产品。我可以去买。'他们很开心。所以，对于媒体，它们不想只是报道一些纯粹的艺术的东西。这是为什么它们不想报道博物馆方面的东西，只是从博物馆拿出来展示的东西。它们只想报道一些读者可以购买的东西。即使这样，最终他们买或不买并不重要。"（S. Chan，个人交流，2009）

不过，按照香港时尚杂志《Milk》编辑兼项目经理I. Chan（个人交流，2008年12月7日）和WGSN亚太区内容负责人Teo（个人交流，2009年9月9日）所说，究竟是以艺术品还是以产品形式合作，对媒体而言并不那么重要——新鲜的创意才是最重要的。"没有公式。关键是要独特,要新……WGSN并非只是对合作感兴趣,对艺术不感兴趣。我们对两种都有兴趣,因为每项合作都有新理念,而这是关键所在,而非合作结果是艺术作品还是产品。跟这些没有关系。是男性还是女性设计也没有关系。有关的是理念。"对于Teo,"trading up"(滴升式)或"down"(滴入式)是吸引关注的关键点。比如H&M和Karl Lagerfeld的合作。"trading up"更适合知名度相对较低的品牌。"在H&M这样的世界里,H&M向上赢得Karl Lagerfeld的合作,而Karl则是向下与H&M合作。这正是令人最为关注的点。再比如路易威登向下联盟Pharrell Williams……不过,也可以是一个小品牌向上和一位大艺术家或其他重要人物合作。"(Teo,个人交流,2009)

就此来看,S. Chan的观点与媒体的观点并不一致。换言之,产品未必比展览相关的活动更吸引媒体,即便说它能更好地满足消费者的需求。对于小品牌来说,同样如此。作为一种管理启示,这里或许要提醒经营者:消费者兴趣与媒体兴趣未必对等,针对媒体方,需要给予特别关注。

二、活动——关联性集体体验

传播交流包括比赛、推广活动。鼓励消费者参与的FAC活动形式的优点在于:它们可以为消费者提供关联感和社交性体验。这点可以结合部族营销(tribal marketing)理论来理解。"部族"在这里其实是指"新部族"。这一概念由理论家米歇尔·马弗索利[2]提出,这是一种有别于亚文化的新型社交形式。部族群体是"松散的、不断变化的、通常比较短暂的联盟,以联盟成员共同的生活方式和趣味"为中心。部落营销的着眼点不是为消费者提供产品或服务,而是如何将人们聚拢在一起,形成一种社团和部落归属感,巩固加强个体彼此之间的关联。换言之,这里的核心词是产品或服务的"连接价值"而非"使用价值"。[3]如Palladini(个人交流,2009)所说:为了与它们的顾客交流,以及推广它们的FAC项目,网络、时尚杂志、店内海报、电视电影都是它们的推广渠道;即便如此,最有收获的地方还是他们在互动这一方面的努力。

除此之外，还可以从意义建构的角度来解释注重消费者参与度的FAC活动（如范斯的亚洲艺术联盟Tee，匡威的全民艺术系列活动）对于打造品牌的真实形象的价值：企业为消费者提供了一个发挥空间，消费者在此有机会参与到品牌意义的建构中。在这里，他们可以敞开心扉，自由发挥，而不是由企业告诉他们应该怎么做。换言之，企业对于这种空间并不具有掌控性，它们扮演的不是传递者（sender），而是媒介（medium）的角色。同时，它们借助FAC也展现出自己作为一种真正的文化源头的身份。从这个意义上说，品牌的意义不只是企业为消费者创造，也是由消费者创造而成（消费者在其中发挥的作用绝不可小觑）。如Peterson所说，真实并非存在于产品里面，而是由参与到活动或体验中的人所建构。[4]消费者的这种参与在创造了品牌意义的同时，也因为与自身的关联性让他们获得了真实体验，进而强化了品牌的光环效果。[5]

鉴于艺术家一方往往是在FAC合作中的亮点，或许还可以结合Walker-Kuhne对艺术的要求来理解FAC活动的意义：它首先是一种表现形式，艺术家借此将某些讯息传递给消费者/观众。[6]同时，它也是一种开展社交活动的途径。在这种体验中，它可以为消费者提供一种集体感，一个自我实现的机会，一次学习新东西的机会。

三、展览——纯然体验

虽然产品在FAC类型中是非常有代表性的一种表现方式，但是每个品牌都有自己的理解，而这意味着它们与艺术融合的偏好的不同。比如，尽管Agnes b.推出了艺术家T恤（和手袋系列），但是它们和艺术的关系更多是以展览方式呈现，而不是以产品为导向。如Yau（个人交流，2009）说的："我们不是产品导向，相反，通常我们的重点放在展览上，这样可以更好地分享来自艺术家作品中的原创形式。"

对于这一类型FAC的价值，可以结合艺术的价值来讨论。如同艺术，FAC的价值在很大程度上体现在象征性层面，而且，对于企业品牌，在多数情况下，开展FAC并非单纯销售FAC产品，而主要服务于品牌形象建设。

这意味着，将艺术的象征性价值转移到品牌中是合作的重点。而展览有助于挖掘艺术的两大核心价值——作品的独创性和艺术家追求自我的典范性。[7]而且在这种形式下，品牌的参与性相对较弱，艺术家的自主性更大。从消费者角度说，在观看这种展览时，可以从中直观感受到艺术及艺术家的自主性（艺术家表达他们之所是，艺术之所是和生活之所是，而不是以"取悦"为目的），进而感知自身之自主性。[8]

四、合作形式的灵活运用

产品、建筑/空间设计、陈列、展览等不同形式的FAC是从不同层面激发人的美感。这些合作形式未必会同时出现在同一个项目或者为同一个品牌采用。相对来说，品牌似乎更喜欢在不同的合作中采用不同的方式来展现他们的概念；而且，不同的品牌倾向于采用不同的方式，同一个品牌在不同的合作中也会寻求不同的表现方式。如范斯的副总裁Palladini（个人交流，2009）所说的，"我们每次合作都会采用新鲜有趣的方式，透过合作者的眼睛，讲述一个关于我们品牌的故事，不过，它们都是基于一种内在关联之上，而不是强加的。"

品牌一方面采用不同形式的FAC，以变化为活动保鲜；另一方面，也会将以上合作方式结合起来用。这样可以全方位呼应消费者诉求：人的归属感、社交需求和占有欲——对于那些有着强烈的自我认同感，或是某位艺术家的拥趸的消费者来说，这种产品的提供似乎显得更有必要（I.Chan，个人交流，2008）。此外，它还具有将推广/交流效率最大化的效果。阿迪达斯香港产品经理Tam（个人交流，2009年9月2日）解释说，FAC作为一种营销推广方式旨在制造噱头，阿迪达斯采用多种FAC形式来展现创新性和创意，目的是让品牌可以从不同方面在消费者心中逐渐形成一个潮流形象。

很多情况下，我们看到的是品牌对这些形式的综合运用。比如村上隆在洛杉矶现代艺术博物馆（2007年10月～2008年2月）举办展览时，路易威登在博物馆内开设了一间店面销售产品，包括村上隆设计的手袋。2008年4～7月于布鲁克林博物馆举办村上隆回顾展时，路易威登还开设了一间全面开放的店铺。这个品牌的动作非常大胆：雇佣演员在博物馆外面扮演小贩；尽管这样的快闪销售难免带有伪造光环，但演员提供的是带有村上隆签名的正宗手袋、小件皮具，带有路易威登新的"迷彩"设计的方形艺术帆布（设计中的设计）以及牛仔印花帆布，即使是同样的货品正在博物馆商店内售卖。通过这种幽默戏谑的展示，公司强调了其商品无处不在的仿冒。博物馆内外的价格一样：每个手袋6000美元。

不同FAC形式涉及品牌运作的不同环节，涵盖了生产、销售和推广整个过程。因此，品牌对FAC的综合性运用从另一个角度也反映出品牌与艺术家融合的深度。[9]在合作的最高级别，艺术家会投入到价值创造的所有层面：有关产品概念、生产水平及know-how（专有技术）的上游部门，有关零售建筑、橱窗、包装、推销及传播的下游部门。对于奢侈品牌，每个动作都要体现出创意，都能够将对手远远甩至身后。艺术化意味着每个动作，包括广告，都应展现出巧妙性。[10]

案例

阿迪达斯与艺术的融合很好地说明了这一点。合作包括了从创意过程到产品展示、推广，以此彰显其核心价值观。这从2007年它的End-to-End可以看出。2007年3月，与Foot Locker店铺一起，阿迪达斯与七位涂鸦艺术家（Smart，Skore，Can2，Atom，Scien，Siloette，Rime）推出了End-to-End项目，产品包括鞋、衣服和配饰。在这个项目中，原创、独特和唯一是品牌在推广中的显著核心点。[11]仅在Foot Locker名下店铺销售这一点进一步突出了这些跨界设计的唯一性。借助这些合作项目，阿迪达斯充分挖掘了艺术家的原创性和独特性所蕴含的商业价值。

在包括设计和推广的整个过程中，这一项目的开展方式可谓完整而独特。在东伦敦Spitalfields地区的一个大仓库，选中的艺术家一起工作了三天。仓库以极具创意的方式进行了重新设计：墙壁被绘为纯白色，大的画布摆在中心。全色喷漆罐，不同的喷嘴、马克笔、画笔等应有尽有。一句话，所有的准备都是为了营造一种艺术氛围——当然还有设计的实际需求

（图4-1）。而且，阿迪达斯和Foot Locker记录下了设计的全过程，这样就可以让观赏者从头到尾了解到这个独具特色的项目。在完成产品的设计之后，2007年3～5月，阿迪达斯率领一众艺术家进行了一次穿越欧洲的旅行以庆祝其跨界系列的问世，乘坐的"End-to-End"巴士装饰着涉入艺术家的独特物品，包括End-to-End制品、产品、图片和媒体。其结果是，这次旅行在围观的拥挤人群中产生了很大的反响。[12]品牌随后的行为暗示了阿迪达斯这一策略的成功：在推出End-to-End第一波之后，2007年8月，阿迪达斯和Foot Locker继续推出其第二波。参加了该项目第一波的七位艺术家再次聚集在一起，推出第二波Adidas & Foot Locker系列。

图4-1　End-to-End项目

通过综合运用不同层面的FAC构成了一个时尚艺术世界，时尚与艺术彻底完成交融的过程。有人将之称为"M（Art）World"。[13]M（Art）世界的含义包含三个层面：策展、展示和联合创造。这个词融合了各个层面的审美元素，从策略思维到物理环境和大众买手采用的策略。像路易威登这样承担了作为店面、艺术画廊和博物馆等多重角色的综合机构，本质上是一种第三空间，可以催生新的思维和行为方式。[14]

▲ 小结 ▽

相较于音乐、运动等,艺术在表现个体创意方面的优势在于其纯粹性。因此,合作艺术家的独创性是考虑的首要因素。在此基础上,品牌可以从多角度与艺术进行结合,合作成果可以是产品,也可以是推广性活动、艺术展览(赞助)、橱窗陈列等形式。这几种形式既可以结合在一起开展,也可以单独策划,视品牌的目的和条件而定。

对于策略性营销品牌,在选定合作形式之后,关键的一点是将合作项目与消费者进行充分交流,尽可能提升其体验性和感受力。在方式上,可以借助语言和非语言形式来与消费者交流,包括广告、网络交流、宣传册、故事讲述,还有活动派对、展示陈列、产品包装等各种方式来尽可能将FAC中所要传递的信息展现出来,并考虑与消费者进行互动,提升其参与度和关联性。

在调研中,笔者发现与消费者缺乏足够交流主要体现在产品层面的合作中。比如本书所选的案例坏品味。产品设计合作限于概念和图案设计环节,程序相对简单。比如坏品味的合作方式:主理人王悦从插画师的作品中挑选图案,调整比例后将图案印在T恤上。在他们的合作中,更注重展示其视觉创意,配以简要文字介绍,交流方式相对简单。在寄卖的门店里,衣服的陈列几乎没有任何设计,只是很简单地挂在衣架上,而且位置偏僻隐蔽。这种模式存在的问题在于:只是把最终设计(创意)作为唯一卖点,与消费者的交流相对而言比较简单,信息不够透明化。就艺术的核心价值(象征意义)以及消费者所具备的相关知识而言,或许不能让消费者充分感知其中的意义。

原创设计性对消费者固然具有吸引力,然而其中蕴含的意义未必可以被消费者捕捉到,对于大众消费者尤其如此。但就艺术的特点来说,意义正是其核心价值。所以,尽管这是一种挑战,在FAC中,还是要尽可能将这种价值展现出来。如前所述,影响象征意义的因素比较复杂,不只是存在于产品中,还包括其他多种元素,而这又会影响体验的真实性。作为一种主观感受,真实并不固定存在于产品中,在很大程度上是存在于一种关系中,需要消费者的感知而赋予其合法性——即：品牌/产品的真实性得到认可。而且，与消费者充分交流分享可以展现出品牌的诚意、信息的可信度，这些都有助于品牌真实形象的建设。[15]

不过，对于面向小众市场的品牌，因为经营目标的特殊性，或许它们并不太看重这些。对于非策略性合作的品牌来说，因为经营模式比较随性、个人化，甚至不太注重商业利益，所以这种交流推广形式未尝不可。而且还有一种可能，如坏品味本身是一种小众定位，它们的设计主要由其歌迷、微博粉丝这样一些特定群体购得，不排除这些人对于创作者已经有一定的了解（比如是创作者的粉丝）。这种特定顾客性质其实也是前面提到的专属模式的一种。不过对于以商业利益为驱动的企业来说，这点有必要加以注意。如果说FAC是作为一种营销策略来执行，这种将艺术简约为图案的做法固然可以吸引到注重样式的消费群，但并没有最大化艺术的价值。

选择哪种合作方式，可能是品牌偏好，可能受经济实力所限，也可能与销售渠道相关。对于资金雄厚的品牌来说，可供选择的交流方法较多，也较灵活，重点是"选对"。而对于资金缺乏的独立品牌来说，虽然选择受到局限，但是在自媒体盛行的时代也有可采用的方式：借助社交媒体分享合作背后的故事、过程、细节。此外，可以组织举办小型活动，建立品牌的社交网络（与消费者、同行或其他品牌）。重点是"可行"，无论选择哪种方式，真实与商业之间的平衡始终需要考虑到。

第二节
偷天换日：艺术真实性的魔幻大挪移

如前所述，品牌与艺术结合的方式多种多样，包括产品（箱包/手袋、鞋/配饰、服装）、环境（室内陈列、店面设计）、活动、展览、赞助等。这些路线不仅有助于构建品牌的真实性[16]，还可以凭借其直观性和可控性的特点对品牌的艺术属性起到强化作用。此观点的提出是建立在"感染"

（contagion）概念基础之上。[17]借助此概念，我们可以系统性地理解品牌与艺术之间的关联机制。感染，在此用于表达一种具有魔力性的思维形式，即人们相信通过身体或超自然形式的接触，一个人的非物质性品质（精神性）可以转移到某件物品之上。参照Dion和Arnould的研究[18]，笔者将多种艺术化路线归为两种模式：相似型和邻近型。

一、相似型感染：产品、建筑设计和展览

相似理论认为交感效果（sympathetic effects）可以经由吸收、接触、灌输等行为实现传播。笔者在调研中发现了两种具体的表现形式：合作设计，作为艺术品的设计。

合作设计在此指的是品牌或设计师与艺术家作为独立单位共同进行设计的过程，而且艺术家与品牌一起公开面向公众。在这种情形之下，品牌或产品之所以能够被感染是基于艺术家的亲身参与所引发的一种转换机制。转换的效果主要取决于创作者在艺术方面的权威性。换言之，一旦艺术家本人获得艺术界的认可，艺术家的作品具有"基因"上的先天优势，甚至他/她的名字也具有了"法力"，可以将任何物品变成艺术品。比如，通过化身为产品设计师（或合作设计师），艺术家能够将其灵光转入其他创意领域：他们的"签名"将特别的承诺（创意、伦理等）赋予了品牌，也让品牌因此与众不同——艺术家的符号标识在此延续了他们在艺术世界所具有的有效力。

以路易威登为例。这个来自法国的奢侈品牌自1980年代以来与众多艺术家进行过合作设计。当时的艺术总监Marc Jacobs策划了一系列合作产品，包括手袋、行李箱、皮箱等。涵盖的艺术家有Stephen Sprouse、村上隆、Richard Prince、Damien Hirst等。在这些跨界设计中，品牌的产品与艺术家的代表形象或符号结合在一起，比如村上隆的樱花和眼睛形象，或Stephen Sprouse的标志性涂鸦玫瑰。经过这样的结合，这些产品作为艺术家物理身体的一种延伸，摄入了艺术家的精华——也就是说，它们被艺术化了。

除此以外，艺术还表现为一种展示形态（艺术化展示），来实现物品的神化和意义的转移。这里所说的展示指的是犹如对待艺术作品一般，在形

式上弱化产品的物理层面，隐藏其使用价值。在爱马仕的"锦绣梦想"展览上，策展人Hilton McConnico没有展示丝巾的穿戴功能，而是将其作为艺术装置或者裱好的绘画作品来展示，并将来自世界各地的丝巾艺术家创作的图案作为展示重点（图4-2）。如Kapferer所说，超越功能层面是奢侈品变成艺术、获得长久价值的有效途径，因为"功能意味着暂时性和由此注定的淘汰"。[10]艺术化的展示使得丝巾的功能性"消失"了，并且通过与艺术语境的相似性完成品牌感染。其内在原理与杜尚的《泉》颇有几分相似：当工厂的一件普通小便器被作为艺术品展示，并被赋予一个新名称，而且还有一个神秘艺术家的签名（R.Mutt），一件日常物件的使用意义消失了，一个新的身份由此问世（图4-3）。

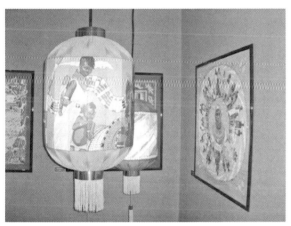
图4-2 爱马仕"锦绣梦想"展览

图4-3 杜尚作品《泉》

二、邻近型感染：展览和陈列

第二种感染形式是由邻近性来呈现。以邻近方式接触后的事物会超越时空继续影响彼此——即使在停止接触之后。在此，邻近并非物理性接触，而是一种象征性的感染，主要涉及的是暂时性或空间性的接近。

这种感染模式在展览和陈列中较为多见——展览艺术品和品牌展品没有直接关系，而只是并置在一起。即使如此，凭借邻近性所具有的"法力"，物品仍然可以"因沐浴在艺术氛围中"而被感染、被艺术化。或者说，它们以一种隐喻性的方式联系在一起。除了近距离摆放在同一空间，这些展品和艺术家之间还存在一些关联性，主要包括：友情、共事和意义共享。基于这些联系，艺术作品的真实性（以及其他由艺术家创作的作品）得以转换到展览的奢侈品中去。

  比如2011年文化香奈儿和2013年迪奥精神展览。文化香奈儿展览中的一个重点是创始人香奈儿和艺术家之间的关联。相应地，来自多位艺术家的素描、绘画和手稿在此进行了展示。需要注意的是，这些并非真实的合作，而是指艺术作品或写给香奈儿的信件。展览上所提供的展览册中说到的合作只是以文字形式进行了简单描述。比如，附加在一些萨尔瓦多·达利的素描、自画像和信件旁边的文字谈到了香奈儿和达利之间的深厚友谊，包括达利在香奈儿别墅La Pausa的短暂居住以及1939年他们在芭蕾舞剧《酒神节（Bacchanalia）》剧服设计中的合作。此外，册子中提到的一些"合作"其实也并不是本文说的合作，而更像是"一起共事"。比如围绕立体主义艺术家毕加索的作品的描述如此写道：毕加索和香奈儿相识于1921年。1922年，他们首次共事是为了考克多的舞台剧《安提戈涅（Antigone）》——毕加索设计面具和幕布，香奈儿则设计舞台剧装。1924年，他们因考克多的芭蕾舞剧《蓝色列车（Le Train Bleu）》而再次联手——香奈儿依旧设计剧装，毕加索则负责幕布和相关插画。简而言之，通过故事和信件等相关证据描述香奈儿和这些艺术家的亲密关系，艺术品和其他相关文件资料的参展就变得合情合理。与之相应，感染的效果也就得到了加强。此外，笔者还注意到，此次展览还包括了一些和香奈儿除了时代相同之外几乎没有交集的作品和设计稿。来自荷兰艺术家皮特·蒙德里安（Piet Mondrian，1872～1944）的一件手稿就是如此——蒙德里安和香奈儿甚至没有见过面。据资料介绍，之所以纳入此次展览的原因是他们两位共同的审美理念以及创作实践中所表现出的勇敢无畏。正如展览册中所描述，"1917年起，蒙德里安依据源于立体派空间感的新造型主义准则进行创作……蒙德里安放弃了一切几何形体的变幻并趋于绝对的抽象，更新了视觉艺术的词汇"。类似的，香奈儿"通过应用自己所确定的审美符号，构筑了自己的世界。她的所有作品都反映出完美无瑕的简洁纯粹……"。[19]这种带有些许牵强意味的类比进一步彰显了品牌努力提升其艺术DNA和文化遗产的意图。

与此类似，迪奥精神也展示了创始人克里斯汀·迪奥与包括毕加索、马蒂斯等著名艺术家的关系，并把他们创作的艺术作品与迪奥受这些艺术家启发（据策展人Muller介绍）所设计的作品混合在一起展出。一同展出的还有几件来自我国艺术家创作的艺术作品，这些作品是直接受到品牌和创始人的启发创作而成。比如张洹创作的迪奥肖像画，

图4-4　颜磊作品"身穿迪奥连衣裙的玛丽莲·梦露"

运用来自寺庙的香灰对迪奥的灵魂进行了视觉化；颜磊绘制了身穿迪奥连衣裙的玛丽莲·梦露（图4-4）。其他受邀加盟的艺术家还有曾梵志、严培明、邱志杰、林天苗、刘建华和张书笺。他们的艺术作品和迪奥的设计作品一起贯穿了整个展览。这种主题性关联从另一个角度为品牌平添几分艺术色彩。

同样的情况在路易威登的艺术时空之旅中也可以看到。该展以我国当代艺术家展望的作品"初始"为起点——此作品用高速摄像机从六个不同角度拍下了一块五米长巨石爆炸的场面，极具视觉冲击力（图4-5）。说到用意，

图4-5　展望作品"初始"内部景观

这位艺术家希望"这种视觉震撼能够将观众引入一种精神思考状态，开启一趟有关艺术的时空之旅"。可以说，这种理念与路易威登的展览主题完全一致——该展览讲述了一个有关开始的故事，原创而真实的第一次旅行，一段跨越历史长河的漫长旅程。

除此之外，邻近型感染还体现在环境方面，包括橱窗陈列、室内陈列、店面。比如2006年圣诞节期间，路易威登全球360家专卖店的橱窗同时亮起了一只金色的眼睛瞳孔。这只"瞳孔"是丹麦著名艺术家奥拉维尔·埃利亚松（Olafur Eliasson）专为路易威登设计的灯饰作品"眼看你"（Eye See You）。晚上，灯里打出接近阳光的金黄单色光，过于强烈的光亮让周围所有的景物呈现出黑白照片的观感；走近去看它，你的眼睛也因为它而变得魔幻诡异。他的另一件作品"你看我"（You See Me）也在纽约第五大道的路易威登专卖店同步开始永久性展出。2005年10月，巴黎香榭丽舍大街路易威登旗舰店重新开张，埃利亚松为其创作了作品"无知无觉"（Votre Perte des Sens）。

建筑是品牌艺术化的另一个重要阵地。2001年，普拉达邀请知名建筑师来设计商店，库哈斯（Rem Koolhaas）包下了普拉达在美国纽约、洛杉矶和三藩市三个分店的设计。这个品牌借助先锋艺术那种富于个性的神秘感和强烈的创新意识来塑造自己代表自由和进步的形象。

参考文献

[1] Marisa P. Style biters: the commodification and commercialization of youth culture [D/OL]. Individualized Studies Thesis, 2002. http://www.princessmarisa.com/selection.html.

[2] Maffesoli M. The time of the tribes [M]. London: Sage, 1996.

[3] Cova B, Cova V. Tribal marketing: the tribalisation of society and its impact on the conduct of marketing [J]. European Journal of Marketing, 2002, 36(5/6): 595-620.

[4] Peterson R A. In search of authenticity [J]. Journal of Management Studies, 2005, 42(5): 1083-1098.

[5] Björkman I. Aura: aesthetic business creativity [J]. Consumption Markets & Culture, 2002, 5(1): 69-78.

[6] Walker-Kuhne, D. Invitation to the party: building bridges to the arts, culture, and community [M]. New York: Theatre Communications Group, 2005.

[7] 威尔逊. 波西米亚: 迷人的放逐 [M]. 杜东东, 施依秀, 李莉, 译. 南京: 译林出版社, 2009.

[8] 特里林. 诚与真: 诺顿演讲集, 1969-1970 年 [M]. 刘佳林, 译. 南京: 江苏教育出版社, 2006: 12.

[9] Riot E, Chamaret C, Rigaud E. Murakami on the bag: Louis Vuitton's decommoditization strategy [J]. International Journal of Retail & Distribution Management, 2013, 41(11/12): 929.

[10] Kapferer J N. The artification of luxury: From artisans to artists [J]. Business Horizons, 2013 (9). http://dx.doi.org/10.1016/j.bushor.2013.12.007.

[11] Adidas & Foot Locker. News[EB/OL]. [2007-12-1]. http://www.endtoendproject.com/

[12] Adidas & Foot Locker. The End-to-End Project[EB/OL]. [2007-12-1]. http://www.prequelmag.com/ene2end_pr_info.pdf.

[13] Joy A, Wang J J, Chan T S, et al. M(Art)Worlds: Consumer perceptions of how luxury brand stores become art institutions [J]. Journal of Retailing, 2014, 01: 002.

[14] Oldenburg R. The great good place [M]. New York: Marlowe & Company, 1991.

[15] Visconti L M. Authentic brand narratives: Co-constructed mediterraneaness for l'occitane brand [M]//Research in Consumer Behavior. Bradford: Emerald Group Publishing Limited, 2010: 250 251.

[16] Gilmore J, Pine J. Using art to render authenticity in business [M]//In Beyond experience: culture, consumer & brand, UK: Arts & Business, 2009.

[17] Rozin P, Nemeroff C, Wane M, et al. Operation of the sympathetic magical law of contagion in interpersonal attitudes among americans[J]. Bulletin of the Psychonomic Society, 1989, 27(4): 367,369.

[18] Dion D, Arnould E. Retail luxury strategy: assembling charisma through art and magic[J]. Journal of Retailing, 2011, 87(4): 510-513.

[19] Proudhon C. Culture Chanel. 2011: 30-32.

真 实 乌 托 邦
21世纪的服装品牌与艺术

第五章

艺术化构建品牌真实性的要点

第一节
快乐至上

消费向来注重玩乐和欢乐,情感和有意义的体验是"好生活"的基础。[1]笔者在调研中发现,玩乐(Fun)在FAC中是一个出现频率很高的词语:对于企业品牌来说,艺术的一项重要功用是让消费者获得玩的乐趣;而对于潮流/独立品牌来说,相比于满足消费者需求,让经营者获得乐趣、实现自我也很重要——这类品牌的一个基本特征便是消费者与经营者合二为一。比如坏品味的创办人王悦就是以玩的心情做品牌。"我其实大量的时间基本上是在玩,在和朋友聚会。如果你看我的微博,几乎大部分时间是在玩,在聚会,在参加各种活动,还有时间看电视剧。……我以前在做音乐的时候,觉得时间占的不是特别满……我觉得做乐队(三个乐队)这有个事,再弄品牌,有个事,还得跟朋友玩,才能把所有的时间都平衡起来。"就此来说,今天的品牌与艺术的结合表现出一种明显的享乐主义精神。

一、突出玩乐性

玩乐既可以由经营者的心态、动机展现,也可能表现在幽默、趣味性的设计形态中,还可以是以FAC为主题举办的活动、派对等。比如:创可贴8的T恤图案和宣传方式就以幽默的创意取胜。匡威以涂鸦活动"在路涂"纪录片举办了首映派对,IDT三位涂鸦艺术家现场涂鸦,而且还提供啤酒、烧烤。它发起的全民艺术也是旨在让每个人都来玩艺术。在这种情况下,FAC成为娱乐的接入点,艺术扮演了社交工具的角色,成为人们互动的一种媒介形式。此时,消费便展现出其突出的游戏意味,即消费远不止于直接消费物品,还包括围绕消费物品展开的消费者互动、娱乐[2],即体验消费。按照Bergh和Behrer的观点,体验与满意之间关系密切——满意(gratifications)经常以"体验"形式出现。[3]Y世代(Gen Yers)在体验某种事情时会获得更高层次的幸福。这不仅是因为心流(flow)的状态,也是因为体验大多数是将他们与其他人连接起来的社会事件或活动……社会网络中的幸福会像病毒一样从一个人传播到另一个人之中。年轻人在活动事件中经历的快乐和开心可以创造一个连接品牌的纽带。年轻人将产品与创造的氛围联系在一起可以更加深入地理解品牌的价值。

结合本书关于真实性的探讨来看,玩乐行为有助于消费者获得真实感。因为在玩乐状态中,人们往往会感觉自己最真实,最"像"自己,是在真实的世界和真实的自己打交道。伦顿等将这种出于愉悦和玩乐需求状态下的真实称为"存在真实"(existential authenticity)。[4]这种存在真实观点认为,一个人只有在自身习性与对所处环境的认知或行为相匹配时,才会有真实感。这种真实性往往产生于一些活动中。虽然大多是人为策划的,但是因为这些活动所具有的创意性和发泄特质,容易激发出个人或主观感情,所以会产生一种真实感。而且,这些体验往往代表了一种理想的生活方式,与现代性的理性对比,显得更为浪漫。在这样的阈限体验中,消费者会感觉比在日常体验中更能展现真实的自己。按照一些人的观点,甚至幻想也是与存在性真实相关的,因为它能够提供一种代表真实个体的主观感受。[5]而这些特征(创意、幻想等)都是艺术的核心特征。这种源于展现自我所获得的内心愉悦也正是体验消费的核心特征(相关论述见第二章)。

品牌这种借助FAC让消费者参与到愉悦、娱乐、互动性的展览和活动的方式非常有助于和消费者建立关系[6]以及品牌意义的建构。

二、潮流与真实的调和

除了玩乐性,FAC还有一个重要特征:艺术往往是品牌方与其他领域(时尚、音乐、运动、艺术等)相融合的形式之一。换言之,FAC往往作为品牌同时展开的多形式跨界中的一部分或者活动的一项内容而出现。如阿迪达斯的集结原创运动,除了艺术家的参与,还有音乐人、设计师等。范斯在其Dragon Sk8滑板巡回赛中,会在每一站的比赛现场,邀请一个艺术家为一个巨型范斯鞋款进行艺术设计,将滑板与艺术共同呈现给观众。范斯副总裁Palladini(个人交流,2009)在介绍其品牌哲学时说道:"我们品牌由艺术、音乐、运动和街头文化四方面组成。我们会不断地与这四个领域的有才华的人一起寻找新的创意表现方式。"Price（任教于纽约帕森斯设计学院时装系，个人交流，2009）和I. Chan（个人交流，2008）从另一个角度表达了类似看法。他们都将时尚与艺术的关联描述为时尚与诸如音乐、电影、艺术、运动和政治等领域日益频繁的融合景观中自然的一部分；时尚与艺术的界限正在模糊化。对消费者而言，艺术是时尚的另一种表达方式。两者的不同仅在于展现方式，比如它是穿在人的身体上，还是展览在博物馆中。在此意义上，或许可以说，FAC是真实与时尚的统一：一方面它代表了自由、展现真我以及对生活抱有热忱（这些概念都隶属于真实范畴）等价值；另一方面，FAC的出现和盛行，在很大程度上与创意性青年文化和潮流相关，关注焦点在于玩乐、激情和娱乐，而不是"好品味"或学界[7]所认为的——FAC表现了时尚对高雅文化的迷恋。

这一特征从消费者对艺术家的理解上（见第六章相关讨论）可以得到进一步证明：在他们的心目中，艺术家往往被视为某种时尚身份。就此来说，无论艺术与时尚的融合是不是"危险的关联"，艺术领域都确实正在沦为时尚的"俘虏"。[8]作为一种特别现象，这一景观很好地支持了Whiteley（1994）对文化的描述：它是商业/文化现象中的一种娱乐形式；消费者在文化消费中获得愉悦。参照O'Shaughnessy的观点，这些特征可以和主导消费社会的占有式享乐主义联系在一起。[9]

简单来说，品牌之所以采用FAC，在很大程度上是要借助一种时尚的方式来发掘艺术的真实品质，以此达到以非商业面貌（程度不一）做生意的目的。而且在这个过程中，往往还会结合其他青年文化类型。

第二节
以诚相待

真实的构成不仅具有多维性特点，而且在不同时代，对于真实的解读倾向也有所不同。比如，在过去，品牌原产地、历史、遗产可能比较为消费者所看重，而在今天，诚实被视作是真实的核心诠释。[3]在这方面，艺术有其独特优势：一直以来，艺术最打动人心之处便在于诚实——无论艺术家创造的是美好的还是丑陋的，他都在诚实地向人们展现自己。[10]

不过，在商业语境中，单是如此尚不足够。即使艺术自身在表现上便具有真诚的品质，品牌往往还会通过"真诚"的交流方式来传递艺术要表达的观念，甚至包括台前幕后的很多细节，如此一来，FAC行为就以坦率、透明化的面貌呈现在观众面前。跨国企业品牌所策划的FAC在这方面表现得非常突出。它们采用的交流传播手段多种多样，包括社交媒体、现场活动、传统媒体等途径——其中比较突出的是社交媒体的利用。微博、微信等社交工具不但被用来传递信息，同时，也是大众参与活动、与品牌互动的重要方式。此外，品牌还通过网络视频渠道将合作全方位展示介绍给消费者和受众，包括最终产品、合作过程、设计过程，还请艺术家亲身讲述自己的生活状态、创作理念以及与品牌合作的原因、过程、理念等（图5-1）。这种详尽的信息呈现（即使事实上是有所选择的曝光）在将合作变得透明化的同时，也展示出品牌和艺术家（对于消费者）的真诚，而这些都有助于增加消费者对于品牌及合作行为的真实认知。

图5-1　多种多样的交流传播手段

以阿迪达斯的"艺术家之椅"为例。其中一位合作艺术家如此介绍自己和与品牌的合作经历：

> 我是Carrie。我是香港画画的。我平时的时候……不是画画的，是种花。因为我很喜欢大自然。所以我的愿望是有一个有机农场。平时不用开工的时候，我都会去耕田，体验一下农夫的生活。大自然的花花草草，还有大自然的光影，是我画画的灵感。还有小动物啦，猫猫狗狗啦，我都会经常放在我的画里面。这次帮阿迪达斯合作，我画了两张大班椅。其实我一见到那个椅子时，我就觉得椅子的面和椅子的垫在沟通一样。所以我就画了一个好像倒影的人。其实我表达的意思是自己和自己沟通。这样，我们才会知道怎样去面对这个世界。这个主题主要是这两个椅子。概念就是沟通。

艺术家在介绍自己和创作灵感时配以视频呈现。通过以两方、三方甚至多方的合作来定义原创、演绎原创，最重要的是以此将合作伙伴的原创力与品牌融为一体，即实现转换的目的。从消费者或观众的视角看，以访谈实录的叙述方式配以视频传播方式来倾听艺术家对创作、合作及品牌的理解无疑更增添了真实、可靠的成分，并提升了信息量的吸收性。毫无疑问，也为合作增加了可读的故事性。这点在下一节将有详细论述。

第三节
故事分享

在现代社会中，最具影响力的神话不是宗教神话，而是能够揭示人们身份的神话。身份的神话是一种有用的虚构，它们以文化形式抚慰了那些原本忧伤的情绪。在日常生活里，人们的这种情绪表现为焦虑。神话能够抚平这些紧张，帮助人们找到生活的目标和方向，稳固他们遭遇挑战的身份认同。

一个神话就是一种故事。[11]

所谓故事,指的是一种"口述或书写行为,里面涉及与两个或更多人相关的往事或亲身经历"。[12]品牌通过讲述故事来营造身份的神话,这些虚构的故事并非消费者自己的日常生活,而是往往来自遥远的、幻想的世界,但能够刻画出文化焦虑的简单的虚构故事。换一种表述,这些神话中所表现的期待是富于想象力的,而非直白表达观众所渴望的身份(简言之,以充满想象力的方式表现期待,表现观众所渴望的身份)。那些有灵光加持的偶像/标志性品牌的过人之处也正在于能够讲出吸引人的好故事。"真实的品牌是一系列能够与消费建立情感联系的故事。"[11]

故事的讲述风格既可以是认真严肃的,也可以是轻松愉快的。[13]借助故事,品牌不仅可以渲染出充满魅力的辉光,还可以令带有说教意味的信息变得更易理解、更易记忆。[14]对于文化式品牌,消费之物具有独到特征:讲故事在品牌建设中更加重要。交流传播是消费者价值的核心。消费者购买产品是在体验这些故事。产品只是一个中间媒介(conduit),消费者借此可以经历体验品牌所讲述的故事。[11]无论是大众时尚,还是奢侈品时尚,时尚品牌所采用的一项重要手段就是讲故事,制造神话,通过造梦或表征性故事讲述来打动消费者,与消费者建立关联,使其将品牌融入自己的人生故事之中。[15]

一、匡威之"在路涂"

在本书所关注的品牌案例中,匡威当是最为重视讲故事的品牌之一。口述故事、书写故事以及影像故事,全部涵盖到了。而这其中,"在路涂"故事可以说最具代表性。品牌称其为"一场疯狂的涂鸦西游记,一群涂鸦客的公路之旅,一部嬉皮轻野的纪录片":2012年8月13日开始,来自深圳的IDT涂鸦团体(成员分别是NAN、SINIC、YYY)和摄影团队由云南进入西藏,开始一场为期一个月的"涂鸦朝圣"之旅。品牌将旅途过程中看到的风光美景、几位涂鸦艺术家遇到的趣事、挫折、艰难,经历的疯狂,现场创作的历程都记录下来,详尽呈现给观众/消费者,让人透过纪录片可以看到几位艺术家一路的思考和创作,感受他们背后的艰难和令人开怀一笑的故事(图5-2)。

图5-2 匡威:"在路涂"(纪录片)

这种讲述方式之所以有助于展现艺术家的真实性,原因在于:追随者会将故事作为判断艺术家真实性的信息来源。[16]而且,通过讲述故事可以使艺术家的真实性在追随者那里更容易理解、更容易被记住,[17]因为人倾向于以故事的形式组织信息[14]。此外,这种生活故事特别适合向追随者传递个人价值观和信念。因为透过这些故事，追随者会知道这些价值和信仰确实在指引着领导者的生活，并非随便说说。[16]"在路涂"这个故事中很重要的一点就是透过真人秀般的创作历程传递他们的价值观念。如其中一位艺术家在片中所说："你认为对的东西，心里信仰的东西，坚持去做吧。一个人没有追求是很可怕的。至少你要做一两样你觉得很骄傲的东西出来。"

充满画面感和感染力的影片式故事讲述对于塑造品牌的真实性非常有帮助。这种生动的画面感，可以促使消费者关注故事中的信息。[18,19]"在路涂"这种没有合作产品的赞助/推广活动，借助视频画面，品牌更容易与艺术家建立关系：故事中艺术家往往穿着品牌的产品（衣服或鞋）出镜。借助这些连接点，这些人其实成了品牌代言人，他们所想所做，便是品牌所想所做。进一步说，他们所表现出的自由和勇敢、原创和真实便于无声中融入品牌中，转换成品牌性格的一部分。而且人们发现，除了语言，追随者还会通过直接观察以及与偶像（艺术家）的互动来判断其真实性。[17]这意味着，类似于肢体行为这类非语言形式也有助于人们对于真实的感知。因此，通过影像方式讲述故事可以说是全方位建立观者与偶像（创作者）之间的关系，最大程度创造真实体验的一种方式。

二、阿迪达斯之End-to-End

阿迪达斯与艺术家合作所带来的形式上的创新一目了然。相信对于很多消费者来说，购买这些跨界设计多是因为富于想象力的创意，或者大胆抢眼款式图案。但是对于品牌而言，艺术家的价值不只在于为产品进行外观设计的革命，还包括他能创造一个关于原创和真实的故事，能够制造意义。

阿迪达斯的End-to-End跨界项目就充分体现了这一点。为了突出其设计的原创性，品牌在设计阶段就声势浩大地创造了一个故事，通过这个故事将产品设计过程有意放大、突出，并成为一个重要卖点。具体情况是这样：在与七位艺术家合作设计时，阿迪达斯别出心裁地将他们集中在伦敦的一个大仓库里，在这个封闭的空间里为阿迪达斯的运动鞋款做涂鸦设计，为期三天。大仓库布置得非常有创意：墙壁雪白，中间放着大大的帆布，各种颜色的喷漆罐、不同型号的喷嘴、马克笔、画笔全部摆好。总而言之，除了满足实际的设计需求，还要全力营造出一种艺术气氛。而且，为了让观众看到这个项目完整过程，阿迪达斯和Foot Locker还把整个设计过程记录下来。[20]这个特别的创作经历便成为阿迪达斯在日后接受采访中谈论的重点，而且所营造的这个极具创意的环境也成为阿迪达斯独特创造性的体现——总之，一切战术都指向打造"原创"形象。

从这个例子中可以发现，设计的结果虽然是鞋和衣服，但是合作的卖点却不只一个，还有他们的合作过程，也就是说关于这次合作的故事。而且这个原创故事可能更有价值——品牌通过构建这么一个有图有真相的"原创故事"来感染消费者，并最终实现强化真实形象的目的。

不仅如此，品牌对艺术家价值的发掘并没有停留在产品设计上，还包括产品的宣传促销阶段。继设计阶段之后，阿迪达斯在End-to-End的后期推广上同样锣鼓齐鸣般向外界推介其跨界设计。在与艺术家完成合作设计后，这个品牌从2007年3月末到5月初，驾着End-to-End巴士，带着End-to-End系列产品和宣传资料，携手七位艺术家进行了一次声势浩大的"欧洲自助巡游"来庆祝End-to-End系列设计的诞生。一路上当然少不了艺术家们的现场卖艺。比如，在罗马繁华的闹市上，配合与阿迪达斯合作设计的产品风格，艺术家们花费一天时间在一节按1：1比例制作的巨大的地铁模型外壳上做涂鸦，挣来众多猎奇眼光。这场历时一个半月的巡游收获颇丰，产生了来自消费群体的巨大的轰动效应，画家们在这次产品推广活动上的优势一览无遗。

分析阿迪达斯与艺术家跨界合作的案例，我们会发现，原创的概念不只可以附加在最后成形的运动鞋衫上，通过大胆的视觉设计、宣传、包装以及故事的传递，原创作为一种精神还直接附加在品牌上，并进一步在消费者的心目中植入品牌形象。

对于时尚品牌来说，艺术家的价值有多大？阿迪达斯从制作到宣传用行动回答了这个问题。在和涂鸦艺术的交融中，阿迪达斯一方面可以一洗百年沧桑所带来的衰容，让品牌焕发出带有街头风格的叛逆味道，另一方面还能凭借自己悠久的历史及运动品牌巨擘的声望而为这种合作带来得天独厚的优势，让合作因为阿迪达斯三叶草深远的历史文脉而倍增"正宗"原创的感觉。

第四节
呈现真实的其他途径

一、融合非商业性元素

（一）社交/情感因素

社交方面主要体现在活动形式的FAC中。比如匡威的"在路涂"、阿迪达斯的"集结原创"所举办的派对活动虽然属于品牌推广活动，但是它们所具有的社交性、娱乐性弱化了其商业色彩。

出于友谊和使命感等情感因素而开展合作在独立品牌坏品味中表现更为突出。这或许与该品牌街头服装的定位相关。在街头文化群体中，朋友一起创建品牌或合作设计产品的现象很普遍。合作，俨然成为街头文化的组成部分。可以说，在街头文化体系中，服装不只是用来"穿"而已。对于忠诚的街头文化人而言，服装代表的是一个创作空间，品牌则是他们的信仰；而合作，更像一种交流手段——在这种设计过程中，他们可以找到志同道合的朋友，获得一种社交愉悦。法国街头品牌Sixpack France在这方面是一个代表性的例子。与坏品味相同的一点是，该品牌的主打就是设计师与艺术家的合作系列。参与合作的艺术家都是掌门人Lionel Vivier在各种场合偶然结识的朋友，在这种关系下，其合作随性而充满人情味——这种"无计划"也正是品牌的核心主张。Vivier喜欢将这个充满个人情感的品牌视为一个生活馆，他与他的艺术家朋友们在这里讲述着各自的生活和经历。简言之，从品牌经营到产品设计，街头服装无不体现出浓浓的情感和社交意味。而这种"社交化"经营模式在一定程度上模糊了品牌的商业属性。

（二）信念/理想

在与艺术的结合中，不唯利是图、基于一定的坚守和理想，这种态度也有助于弱化商业色彩。比如创可贴8，在艺术化的品牌经营中，始终以实现自己创意为首位（即自我实现），而且并不刻意扩大规模、追逐利润，这种明晰的目标在一定程度上平衡了将FAC用于产品开发、推广宣传、吸引人流量的商业努力。即使阿迪达斯、匡威这些以盈利为导向的企业，在品牌形象的构建和FAC跨界行为中，可以说都表达出一种强烈的信念。也正是通过建立一套主张明确的思想、价值体系以及理想，它们成功地将自己融入地下运动中，成为街头文化的一部分。

二、合作中给予艺术家以创作自主

艺术家的创作自由度影响着他们在表达创作理念、价值观及情感的充分性，也因此影响着作品与人们的情感共鸣，同时，这也有关品牌在合作上的诚意体现。就此来说，无论企业支持与否，都不应该改变艺术家的创作自主性。换言之，有意愿通过艺术来营造真实体验的企业或品牌，应该与它的合作伙伴在设计制作过程中充分融合，一旦在价值和目标上达成共识，就要使合作成果反映出艺术家的真正的独创性[10]，而不是单纯成为为品牌服务的工具。

从访谈中了解到，在坏品味和创可贴8的合作设计中，艺术家的这种自主性具有一定的保证：或者是设计师直接挑画，或者是在沟通好的基础上，让艺术家自己发挥。就像其中一位合作艺术家王可（个人访谈，2013）介绍的："……没有什么要求。王悦是那种看到我最近画了一些新画，她觉得哪张好，就拿去了。没有说，'你帮我画一个什么'。创可贴8的老江会有一些自己的想法。每次，我们会先沟通，先聊一聊。他的想法想怎样做出来。然后，我就会根据他的想法，再加入我自己的东西，但他不会对我有任何局限。"

三、适度获利

这种情况似乎更多地出现在独立品牌中。它们对获利的有意控制使得真实与商业之间实现了某种平衡。

对不少独立品牌的经营者来说，营销推广是为了生存，使品牌可以继续经营下去，而不是单纯为了赚钱——对利润的追求具有节制性。比如王悦的观念就是这样的代表。"这个问题挺难回答。因为你也要考虑品牌的发展运营嘛，但是你的目的肯定不是说做服装为了赚钱，那样的要大规模，跑量。我们不是跑量，是限量的。""做坏品味的主要目的不是为了赚钱，要赚钱，我们就做美特斯邦威了。它不是跑量的那种东西。因为赚钱有很多种方式。""……我没有发大财的想法。（问：维持是什么概念？）坏品味去年一年是40万（元人民币），我觉得还可以。而且我们还不是很努着做的。实际利润我都没太想过。其实，可以说有一点糊涂吧……对我来说，够花就好……因为我觉得人生苦短。那个如果你的精力放在挣钱上，你可能会少了很多感受和乐趣。我觉得我重点是感受和乐趣。"与这种态度一致的是品牌在宣传上很低调：仅限于在个人和品牌的微博以及在朋友的咖啡馆、餐厅小范围宣传。

另外，这些经营者的工作和生活方式，也有助于弱化其"商人"身份。比如：弹性或不规律的工作时间，艺术文化活动中的常客，工作与生活之间没有明确的界限。简单说，不同于那些精于计算的生意人，他们的工作态度更加"波西米亚"——随性。对于推崇波西米亚生活态度的人士来说，工作并不是谋生的手段，而是自我实现的工具[21]。

创可贴8的江森海致力于实现自己创意的观念并有意识地控制店铺规模，宋洋用MSBAD品牌来实践自己的扁平艺术观以及他那种创意人士特有的作息状态，可以说都是这种生活态度的印证。对于这种经营者，或许可称之为波西米亚企业家——即在从事创作活动的同时也开展营销推广（自己或品牌）。这类人的特点是：尽管从事营销工作，甚至掌管整个品牌，但是他们寻求的是生存，使品牌维持下去，而不是无限度的经济利益。[21,22]在独立品牌世界中这是经常要面临的一种选择或者挑战——在自主性和利益、真实和营销之间走钢丝。[23]

其实，"深谙江湖"的消费者很清楚品牌开展FAC多出于商业目的。对此，他们未必会介意、反感，影响其态度的关键在于品牌的整体表现。而其中很重要的一点就是：是否真诚。换言之，诚实、可信度对于他们来说更加重要。

四、采用专属模式

专属模式（exclusivity model）主要指品牌与艺术家在产品设计方面的合作。不同于工业化、批量化生产，这种模式的特征在于：限量生产FAC产品，限地区销售，提供给特定群体等"有限供给"。这种模式是品牌常用的一种手法。

在专属模式的启用上，坏品味属于其中比较有代表性的一个。该品牌定位为小众品牌，在产量上也采用了限量生产，每款只生产三百件。不仅如此，主理人计划以后的生产量继续减半，即一百五十件。究其原因，在于强化独特性；对于王悦而言，做品牌除了玩的原因，也是出于表达一种观念——赚钱，则并不在计划内。

这种模式的主导性也从侧面说明了FAC在品牌中通常扮演的角色。相较于产生销售额，它的价值更在于品牌形象建设方面。

∧ 小结 ∨

通过以上几方面分析，我们发现，艺术化品牌营销在呈现真实方面，既有其特殊性，也有一般性。而且，通过这种形式，还揭示出在真实的理解和诠释上，所表现的时代差异。这种特殊性也是艺术在塑造品牌真实性方面的优势：诚实、教化（意义、价值）、娱乐性（包括与消费者的互动性）、故事性（艺术的故事表现力以及艺术家自身的经历）。而这里的一般性是指，FAC所表达的真实理念及表现方式可以通过艺术以外的其他媒介实现。这点首先体现在品牌借助FAC所传达的价值观念——倡导围绕自我实现的自由、勇气、原创等价值观；其次体现在品牌采用的交流传播方式——利用多种媒介手段向消费者提供详细的信息，通过透明化的展示来表现其真诚，而且鼓励消费者参与FAC活动中。这些举动在真实营销领域为很多学者、营销人士所倡导。[24,25]

此外，诠释的时代性也值得注意。品牌在塑造真实时，不再像过去一样只是强调其历史、传统和产地，现在，面对年轻消费群体，品牌还特别关注他们对于真实的感知。品牌认识到无论是强调品牌的真实，还是产品的真实,最重要的是获得消费者对于这种真实性的认可。这需要结合他们的消费特点和爱好来制定策略。而玩乐,正是抓住了这个群体的核心特征之一。此外,鼓励消费者的参与,尽可能提升他们的关联感,这些也都有助于让他们在体验中获得真实感受(感受真实的自己,真实的品牌——具体展现维度可能有所不同)。最后,品牌在 FAC 中通过全方位的交流传播实现透明化的信息分享所表达的态度,也印证了博格和波赫尔关于诚实在当今对于诠释真实的重要地位。[3]

从调研发现看,有助于展现品牌真实性的环节有以下几种情况。

1.品牌与艺术结合的环节。

① 突出艺术或艺术家的真实,然后,通过融合塑造品牌的真实;

② 基于同艺术的合作动机(非商业性目的),体现品牌的真实;

③ 通过品牌的艺术化定位(或提供艺术化产品),来体现品牌的真实。

在实际操作中,以上三种情况可能只出现一种,也可能出现两种或以上。

2.品牌与消费者之间交流的环节。品牌通过相应的交流方式,把与艺术的结合所体现的真实传递给受众,或借助艺术这种手段让受众获得真实性体验。

此外,我们还发现,在与消费者的诉求相关方面,品牌构建真实时还表现出两个特点:

① 反大众(anti-mass)——FAC 围绕实验性、创新、原创概念展开;

② 反营销(anti-marketing)——FAC 强调自由、反叛、非商业、低调、玩乐。

不过,在具体实践中,情况较为复杂而灵活,品牌对于真实概念的表达和具体的呈现方式非常多样,这与品牌的类型和经营模式不无关系。与此相应,品牌与艺术的结合方式也有多种表现方式。

参考文献

[1] Jantzen C, Fitchett J, Østergaard P, et al. Just for fun? The emotional regime of

experiential consumption [J]. Marketing Theory, 2012: 8.

[2] Holt D B. How consumers consume: a typology of consumption practices [J]. Journal of Consumer Research, 1995, 22(1): 1-16.

[3] Van Der Bergh J, Behrer M. How cool brands stay hot [M]. London: Koganpage, 2013: 138, 219.

[4] Lenton A P, Bruder M, Slabu L, et al. How does "being real" feel? The experience of state authenticity [J]. Journal of Personality, 2013, 81(3): 285.

[5] Leigh T W, Peters C, Shelton J. The consumer quest for authenticity: The multiplicity of meanings within the MG subculture of consumption [J]. Journal of the Academy of Marketing Science, 2006, 34(4): 483.

[6] Hollenbeck C R, Peters C, Zinkhan G M. Retail spectacles and brand meaning: Insights from a brand museum case study [J]. Journal of Retailing, 2008, 84(3): 334-353.

[7] McRobbie A. British fashion design: Rag trade or Image Industry? [M]. London: Routledge, 1998.

[8] Radford R. Dangerous liaisons: Art, fashion and individualism [J]. Fashion Theory: The Journal of Dress, Body & Culture, 1998, 2 (2): 154.

[9] O'Shaughnessy J, O'Shaughnessy N J. Marketing, the consumer society and hedonism [J]. European Journal of Marketing, 2002, 36 (5/6): 527.

[10] 吉尔摩, 派恩二世. 真实经济: 消费者真正渴望的是什么 [M]. 陈劲, 译. 北京: 中信出版社, 2010.

[11] Holt D B. How brands become icons: the principles of branding [M]. Boston: Harvard Business School Press, 2003: 36, 115, 198-199.

[12] Boje D M. Stories of the story telling organization: A postmodern analysis of disney as "tamara-land" [J]. Academy of Management Journal, 1995(38), 1000.

[13] Björkman I. Aura: Aesthetic Business Creativity [J]. Consumption Markets & Culture, 2002, 5(1): 75.

[14] Weischer A E, Weibler J, Petersen M. To thine own self be true: The effects of enactment and life storytelling on perceived leader authenticity [J]. The Leadership Quarterly, 2013, 24(4): 477-495.

[15] Smith A. Wishing on a star: Promoting and personifying designer collections and fashion brands [J]. Fashion Practice, 2013, 5(2): 182.

[16] Shamir B, Eilam G. "What's your story?" A life-stories approach to authentic leadership development [J]. The Leadership Quarterly, 2005, 16: 395, 409.

[17] Fields D L. Determinants of follower perceptions of a leader's authenticity and integrity [J]. European Management Journal, 2007, 25(3): 196, 200.

[18] Padgett D, Allen D. Communicating experiences: A narrative approach to creating service brand image [J]. Journal of Advertising, 1997, 26 (4): 49-62.

[19] Woodside A G. Brand-Consumer Storytelling Theory and Research: Introduction to a Psychology & Marketing Special Issue [J]. Psychology & Marketing, 2010, 27 (6): 531-540.

[20] Adidas & Foot Locker. The End-to-End Project[EB/OL]. [2007]. http://www.prequelmag.com/ene2end_pr_info. pdf.

[21] O'Connor J. Arts and creative industries. [J] Australia Council for the Arts, 2010: 82.

[22] Eikhof D R, Haunschild A. Lifestyle Meets Market: Bohemian Entrepreneurs in Creative Industries [J]. Creativity and Innovation Management, 2006, 15(3): 234-241.

[23] Newman M Z. Indie Culture: In Pursuit of the Authentic Autonomous Alternative [J]. Cinema Journal, 2009, 48(3): 16-34.

[24] Visconti L M. Authentic Brand Narratives: Co-Constructed Mediterraneaness for l'Occitane Brand. Research in Consumer Behavior [J]//Research in Consumer Behavior, Volume 12, Bradford: Emerald Group Publishing Limited, 2010: 231-260.

[25] Beverland M B, Frarrelly R J. The quest for authenticity in consumption: consumers' purposive choice of authentic cues to shape experienced outcomes [J]. Journal of Consumer Research, 2010, 36: 838-856.

真 实 乌 托 邦

21世纪的服装品牌与艺术

第六章

艺术在品牌构建中的表现特征

第一节
艺术的风格特征

一、以波普艺术为主导的草根艺术

与时尚联姻的艺术涵盖多种风格。为了考察代表风格的构成情况，笔者对本书第一研究阶段涉及的240多位艺术家依据各自艺术风格进行了分组归类：波普艺术、涂鸦艺术、漫画和卡通——这四种风格统称为波普艺术范畴（pop-art relevance）；其他类。

归类原则包括三方面。

① 相关权威艺术著述（如艺术史）的描述，来自艺术家官方网站的传记，合作品牌的介绍。

② 由谷歌搜索引擎搜集到的网络媒体（杂志、在线画廊等）的相关描述。这一渠道主要用于那些在学术领域并未提及，同时艺术家本人也没有对自己的风格予以界定的情况。

③ 举办艺术展览或活动的场所，和艺术创作的参考资料。

比如Geoff McFetridge是"美丽失败者艺术展"（the Beautiful Losers Exhibition）（参加该展的艺术家主要是受滑板、朋克、涂鸦、嘻哈和DIY明显影响的当代艺术家和街头艺术家）的成员。McFetridge在著名的地下嘻哈乐队野兽男孩杂志《Grand Royal》担任艺术总监两年。同时，他的主要领域是图案设计。在这种情况下，笔者将这位艺术家视为街头艺术范畴的图案艺术家，并将其归入街头艺术/涂鸦组别。

在此基础上，本书按照搜集的信息所显示的涉入艺术家的知名度和专业履历，将其大致分为四类，以便进一步清楚FAC形成特征：第一类，知名度较高艺术家——在画廊、博物馆及相关机构已经举办过展览。第二类，知名度较小艺术家——只有个人信息，没有与其有关的展览信息。第三类，知名度一般艺术家——在WGSN上只能找到艺术家名字及其与服装品牌的合作信息。第四类,素人艺术家——在WGSN上与品牌合作的艺术家仅以"无名"身份出现。

根据第一组和第二组艺术家的资料,笔者将艺术家分为不同艺术风格小组,如表6-1所示。结果显示波普艺术类——包括街头艺术(涂鸦)、漫画和卡通,以及波普艺术,是广泛采用的艺术风格:在246位艺术家中,有68%(168/246)属于这一范畴。在这一群体中,街头/涂鸦占有76%(127/168)的比例;此外,有一小部分(15%,25/168)是卡通、漫画风格的艺术家。这种趋势在青年品牌中表现得尤其突出。阿迪达斯倾向于选择来自波普艺术、街头艺术、漫画和卡通领域的具有影响力的艺术家,范斯的合作者基本上都来自街头艺术世界,比如涂鸦大家Wes Humpston,Neckface,Kaws,Futura,文身艺术家Mr.Cartoon,地下漫画家Robert Williams。

表6-1 基于艺术风格的合作艺术家分类汇总

波普类艺术家	波普艺术（数量）	街头/涂鸦艺术（数量）	漫画及卡通（数量）	其他（数量）	合计（数量）
第一组[a]	16	114	22	62	214
第二组[b]	0	13	3	16	32
合计	16	127	25	78	246

a 指（经调研识别）举办过个展或参加过群展的艺术家。
b 指未发现有关其参展信息的艺术家。

波普艺术范畴在青年品牌和高端品牌中最为盛行。涂鸦艺术家Kaws、Stephen Sprouse,波普艺术家村上隆,插画家Filip Pagowski和Julie Verhoeven为高端品牌设计产品的同时,他们中一些人还会与大众品牌合作设计,比如Kaws、Filip Pagowski。

艺术特征

波普艺术、低俗艺术(low-brow art)以及相关艺术流派(街头艺术、涂鸦、卡通漫画等)的这种艺术也被称之为草根艺术。之所以称之为"草根",是因为它们与街头文化关系密切。这种艺术代表了一种"恶俗"趣味,普遍奉行嘲讽价值观。在这种价值取向的影响下,羞辱、窘迫、可怜等负面情绪开始走向娱乐化，成为幽默的对象。[注：这些艺术流派在风格和灵感素材等方面经常具有交叉性和相似性，因此在归类上也存在一定争议。笔者在此仅作为一个大概归类来使用，以便讨论。比如匡威合作的涂鸦团队IDT、詹盼的作品，与范斯合作的文身艺术家王可的作品，漫画艺术家宋洋、业余艺术家江森海以及擦主席（坏品味的合作者）的作品都可归在这一类。]

从起源上看，这种艺术风格与艺术家特殊的身份背景密不可分：他们中很多人没有受过正统的艺术训练，靠自学成才，因此被称为外行艺术家或者草根艺术家，而且多是以业余身份进行创作、设计。作为一种DIY模式之下的创作，这种艺术排斥传统体制和规范，它的生存和发展依靠的是一套自产自销的独立运转机制。在这里，艺术更多的是用来表达情绪和观点，很多时候还是集体性狂欢的场所；相对于技术而言，热情更为重要；越轨、叛逆更被视为该文化的核心精神。就以涂鸦来说，即使可以在画廊体面地展示自己作品，很多涂鸦艺术家也甘愿冒着罚款、坐牢的风险在街头、地铁上免费"创作"。对他们中的很多人而言，涂鸦的生命力就在街头，进入画廊也便意味着它的死亡。

此类艺术何以如此受品牌追捧？如吉尔默和派恩二世所指出的，今天，越来越多的企业热衷于和草根艺术组织/艺术家共事——涂鸦艺术的流行，以及企业对其给予的大力支持是有力的例证。[1]这种艺术之所以受企业欢迎，一方面是因为这种艺术的受众群是年轻人，另一方面，在很大程度上是因为这种艺术的反传统、反建制、非商业的特质，这些特征都被视作它是"真实"的注解。品牌以自然而真诚的方式与这种草根艺术形式联系在一起，会赋予品牌一种街头、现代、潮流的气质，最关键的是让品牌看起来很真实，而且有品格、有坚守。这种动因正是本书关注FAC的核心着眼点。

还有很重要的一点：作为一种具象艺术，草根艺术最大的特点在于它的通俗、具象、易理解、简洁、好玩、有趣，而且互动性强。这些对于没有受过专业培训的大众来说非常重要。Thomas和I. Chan都认为波普艺术是FAC广泛采用的艺术风格，因为对消费者而言，比较容易理解。"我觉得艺术应该易于接近、易于理解——不能太抽象或者太深奥或晦涩难懂——因为品牌希望卖给尽可能多的人。这就是为什么大多数品牌会找波普艺术或那些已经家喻户晓的艺术家的原因。波普艺术，任何人都可以在很简单的层面上来理解，因为一般来说，波普艺术的风格很轻快，色彩鲜艳，基调欢快……"（Thomas，个人交流，2008）。他们的观点表明大众消费者的理解度应该作为选择艺术风格的一条准则，而波普艺术在这方面正有其优势。这一话题在下一章针对消费者所做的调研中会有进一步分析。

二、先锋派艺术

除了草根艺术，品牌热衷于选择的艺术还有先锋派艺术。比如与李维斯合作的陈天灼、多媒体艺术团体Super Nature、阿迪达斯的集结原创活动中的UFO多媒体实验团队、与匡威合作的冰岛艺术家Kitty Von-Sometime等。这种艺术具有新奇、实验性特征，以及由此散发的神秘感，与草根艺术的亲民性形成一种对比，可以说是从另一个角度为消费者提供独特体验。

先锋艺术之所以吸引企业，是因为"艺术个性的神话崇拜和先锋艺术与创新之间的密切关系……为商家提供了一个作为开明而进步的力量的有价值的形象"。[2]诸如Miuccia Prada这样具有相关文化资本的资助人，展示了他们能够解读艺术作品的能力，而这又肯定了他们的文化地位。把自己与那些同社会中上阶层的教规相对立的艺术家的价值联系在一起，是在彰显他们作为一个特别的文化精英世界的一份子的社会地位。艺术家Sachs、Gursky、Elmgreen & Dragset、建筑师雷姆·库哈斯，他们的文化资本被普拉达用于为品牌创造文化资本。Miuccia Prada和Patrizio Bertelli"自然"的文化偏好通过艺术资助而得以激活，并由此使品牌的社会差异变得合法化，进而使品牌差异得到彰显和保持。

综上所述，本书中所涉入的艺术从两个方面与消费文化关联在一起：草根艺术的讽刺、趣味、通俗、互动性；先锋艺术的新奇、实验性、神秘。从某些方面或许可以说，这类艺术也是扁平艺术世界的一种表现形式。

第二节
亦正亦"谐":艺术的双重角色

品牌在挖掘艺术的真实性时对艺术创作和艺术家两方面都很重视,也从这两种不同维度为受众提供真实体验。

一、艺术的教化和娱乐价值

就艺术创作及欣赏而言,真实感可以从两个层面产生:启蒙教化和消遣娱乐。

从品牌对于跨界行为的描述可以发现,有几个概念频频出现:自我、原创、独特、信念和社会意义(在第四章的案例分析中有具体描述)。在此,艺术(以活动或合作产品形式出现)体现出一种教化和启发层面的价值:通过传递信息、讲述故事,艺术可以激发观者的情感共鸣,予以心灵启迪,引导自我认知(同时,还可以让人暂时性地逃离现实)。比如李维斯与上官喆、陈天灼的合作寓意:"每个人只要有先锋精神都有发光发火的年代"。

如前所述,玩乐是艺术化营销中一个很重要的概念。这点在匡威、李维斯等品牌中都有重要体现。在这里,艺术更多的是表现出它的娱乐作用:通过艺术的内容、形式或创作方式,为观众/消费者带来愉悦感。在此情况下,艺术不是靠其意识形态方面的内容或者传递的信息等需要思考、认知的层面,而是借助它所提供的感官体验和传达的感觉,来吸引消费者和观众。

从消费者的关注点来说也是如此。这里以Dusty为例来看消费者对FAC设计的关注点:尽管品牌期望顾客会接收到融入设计中的讯息观念,大多数消费者的兴趣点只是在于形式层面的设计。据Dusty来看,只有大约20%~40%的顾客知道其中的含义和合作艺术家相关的讯息。"(问:在Andy Warhol系列中,你的预期和顾客最后的反应之间有什么差别?)真正喜欢这种风格的人比我们预期的要少,这点可以感受到。我不觉得购买这些T恤的客人真的明白那些东西。他们发出的讯号好像'哇,好看'。这太肤浅，不是我们最初的（目的）……我们在T恤里放入了很多来自沃霍尔的概念和话语，而不只是（形式）设计。所以，（在合作设计中）信息非常重要。很明显，我们发现客人的反应（和我们的预期）很不一样。我们最初希望他们是因为设计传递的信息而购买。事实上，他们是觉得好看所以去买……15、16岁的男孩子可能不知道他是谁。在这种情况下，我不觉得他买一个东西是因为这个人或者艺术。（问：这种情况的人多吗？）是的。比较多。（问：就是说，知道合作设计产品中的含义的人很少？）大概有20%～30%……20%～40%"（Ma，个人交流，2007）。这或许反映出品牌和消费者在FAC价值方面的差异。这一话题在下一章会有进一步分析讨论。

Ma指出在其顾客群体中，年长些的客人比年轻的客人更加关注文化。"（问：在你的客人中有什么共同特征吗？）有。但是他们是我们的常客。他们和我们一起长大，所以我们有很多相似的感情……我们的品牌刚成立时，他们就经常来店里买衣服。他们来是因为知道我们在做什么。现在客人只是为了买衣服，不像那些老顾客。（问：你是说你们的老顾客并不只是为了买衣服，而新客人主要是为了买衣服？）是的。你说的完全正确。那些老客人真的可以感受到这里的文化，因为他们生活在这种文化里。"（Ma，个人交流，2007）

从艺术所扮演的角色看，在创意文化产业体系下，今天的艺术除了延续传递信息、表达价值和意义的同时，还表现出强烈的娱乐色彩，如同时尚、音乐的功用一样。而且，作为创意产业中的一个领域，它与其他领域互相交融，共享资源。艺术的这一娱乐功用在艺术界也受到一些人的鼓励。比如资深艺术评论家海克就认为，"文化差异并不重要，欣赏艺术不需要特别技能或者教育，进入艺术世界纯粹是自发的事情"。[3]海克将自己看作"艺术粉丝"。对他来说，这就像他是摇滚乐的粉丝一样，没什么不同。而对于艺术粉丝来说，没有必要为它是不是商品而困扰，它就像他们所购买兜售的CD一样。在艺术所承担的角色中，有一个只是单纯地享受乐趣。并非所有的艺术都要或者应该是严肃和有价值的，还可以用于唤起自我表现。[4]从这种观点出发，当今艺术可以说不仅没有界限，而且也不必思考，否则会导致过于严肃，减少乐趣和美感，影响人的体验。

其实，就笔者的观察来看，在很多时候，艺术的这两种角色是结合在一起的：品牌像朋友一样通过FAC以轻松有趣或充满视觉冲击力的形式来传递严肃的价值观念，而不是家长般的说教姿态，从而避免了生硬刻板。匡威的"在路涂"项目和阿迪达斯的集结原创派对都是这方面的代表性例子。

二、艺术家的身份特征及价值

与其他领域相比，在艺术领域，除了作品，艺术家本人的身份也很重要：据研究显示，人们参观博物馆和画廊有三大动机，其中一个就是向艺术家致敬——其余两个分别是社交娱乐和学习。[5]可以说，创作者的身份直接影响着人们对艺术的真实性的评价。

身份在此并非单纯指创作者的声望或知名度——虽然这对于强化艺术的真实性和权威性很有帮助，更多地是指艺术家的经历往往富于故事性、传奇性，甚至神秘性，由此易于激发观者的情感反应。这种身份在某些艺术类型中非常重要。比如Fine所说的局外艺术家（outsider artists）或者自学成才的艺术家（self-taught artists）[6]——前面提到的草根艺术家便属于这一类型。在此情形中，质量往往不是影响艺术品价值的决定因素，甚至都不是主要因素。扮演关键角色的是创作者的真实性。要了解这种艺术的价值，你需要知道作品背后艺术家的背景，比如艺术家有没有受过专业培训？是不是很贫穷？是不是来自穷乡僻壤？是不是来自城市里的贫民窟？他们有没有前科，够不够神秘，精神是不是正常？总之，经历越坎坷曲折，对他们作品价值的提升就越有利。与此类似，艺术家个人的价值同样存在于FAC跨界行为中。因为消费者对这类合作的关注点除了可视层面的创意，还包括艺术家一方的不可见属性，如艺术家的生活态度和艺术创作理念，尤其是后者。换言之，艺术家个人的故事对于观众很重要，是他们评判某位艺术家是否真实的重要依据。这一点或许有助于进一步解释品牌借艺术家讲故事（或者讲述艺术家的故事）的原因。

本书涉及的艺术家的身份非常多元化：既有拥有众多追随者的知名艺术家，比如香港插画家邹蕴盈，也有很多不知名的艺术新人、区域"名人"、素人艺术家——人人都是艺术家的节奏。他们中很多人是品牌在活动当地寻找的合作者。比如阿迪达斯的集结原创活动在广东站找的"画图男",范斯在武汉站的涂鸦手 Ray 等都是这种类型的艺术家。甚至,大众也被鼓励以艺术创作者的身份参与品牌活动,如匡威的全民艺术系列活动。这种"平民"身份的合作人所具有的优势可能是其亲和力——与消费者属于同一阶层,更接"地气",也因此更有鼓舞力,如同江森海在找合作者时倾向于找中国人而不是外国人的理由:这样更能鼓励人,也因此更吸引人。品牌从大众世界提取的素材(寻找素人艺术家)更具可信度,由此塑造的神话也便更具真实性,因为它植根于由这种信仰指引自己人生的"真人"的生活中。

研究发现,涉入艺术家(尤其是街头艺术家)除了艺术创作,也积极扮演着其他角色,比如滑板手、音乐人和设计师。艺术、音乐、滑板/冲浪、朋友和时尚在他们的生活中常常绑定在一起,构成其真实的生活方式。在此情况下,创作者更像"杂家(Dilettante)",这一点也反映出今天的艺术所扮演的角色——如上所述,艺术带有同时尚、音乐一样的娱乐色彩;作为创意产业中的一个领域,艺术与其他领域彼此交融,共享资源。

扫描二维码,
浏览本书所识别的艺术家

参考文献

[1] Gilmore J, Pine J. Using art to render authenticity in business [M]//In Beyond experience: culture, consumer & brand, UK: Arts & Business, 2009.

[2] Wu C. Privatising culture: Corporate art intervention since the 1980s [M]. London/New York: Verso, 2002: 125.

[3] Hickey D. Air Guitar: Essays on art and democracy, art issues [M]. Los Angeles: Art issues Press, 1997: 169.

[4] Pooler R. The boundaries of modern art [M]. New York: Arena Books, 2013: 112.

[5] Falk J H, Dierking L D. The museum experience [M]. Washington D C : Whalesback Books, 1992: 32.

[6] Fine G A. Crafting authenticity: The validation of identity in self-taught art [J]. Theory and Society, 2003, 32(2): 153-180.

第七章

消费者对品牌艺术化建设的认知

第一节
对跨界合作的认知与态度

一、产品：原创性和独特性

  对消费者而言，FAC产品的意义何在？"对FAC项目的兴趣所在"这一问题正是为此而设计。受访人的反馈显示：在消费者对于产品的多种关注中，原创性收获最高票数（在路易威登、阿迪达斯和李维斯的问卷调查中均位列第一，分别占有的比例为24%、24%和29%；在范斯中以22%的比例位列第二）。总体来说，唯一性可以被视为是吸引消费者的第二大因素（在路易威登中，以24%的比例与原创性一起位列第一；范斯：以26%位居第一位；阿迪达斯：以20%比例位居第二位；李维斯：以19%位居第三位）。在形态设计方面，"新鲜"因素尽管占据的位置也比较突出，但是与上面两个元素相比，关注度相对较弱一些：在路易威登调研中，比例将近18%，为第三个最为吸引人的因素；在阿迪达斯组，以20%的比例位居第二大因素；在范斯和李维斯两组中，均占有15%左右的比例，为第四位（表7-1）。基于原创性和唯一性是构成真实的两大重要因素[1]，可以说，FAC的真实性是消费者最为关注的层面。

二、艺术家：原创性和自由

  就原创和自由的生活方式这两个因素来说，四组受访消费群体对艺术家的态度高度一致。在几个因素中，它们都位居前两位（原创性：在四组中全部位居第一，比例分别为46%，32%，33%，32%；自由的生活方式：均位居第二位，比例分别为：17%，23%，26%，22%。见表7-1问题：艺术家的吸引力）。作为真实性的重要组成因素，这两个概念在很大程度上有助于构建"艺术家"这一真实形象。消费者对产品和艺术家的这种信息反馈支持了 Bai 等人的观点：当今消费者对自由和个性有着极为强烈的渴望；同时，艺术家仍然是原创性和自由的代表，即使有些艺术家的作品在原创性或真实方面存在一定争议。[2]

更为重要的是，这些发现也暗示着这些受访者对 FAC 产品和艺术家的关注点主要集中在和真实相关的属性方面；这种一致性突出表现在对原创的关注上——在四组受访群体中，这一因素都是最为关注的属性。在某种意义上，这些结果或许说明：对那些了解或接触过这类产品的消费者来说，FAC 的价值更多的是体现在象征意义上——他们是在（下意识地）"放飞自我"，感受自我的独特存在，而不是简单为了新鲜感。进而推知，当今 FAC 主要是基于精神满足之上，情感价值是其设计的中心点。

三、艺术真实性移入产品之中的有效性

如前所述，受访者对合作产品的核心价值（即真实性和原创性）的理解与他们对艺术家的理解颇为一致。由此或许可以说消费者所识别出的 FAC 产品的外表属性主要是转自艺术家——至少，艺术家在此具有强化作用。通过拥有艺术设计产品，消费者可以感受到艺术家的真；艺术家的参与将产品与品牌其他常规设计区分开来。

在此情况下，笔者认为 FAC 的象征意义主要来自艺术家方面。而且，消费者对艺术家和他们与品牌的联合设计所持有的一致关注表明：借助联盟策略将艺术家的真实灵光转移到品牌产品中是切实可行的途径；借助品牌与艺术家的合作，消费者对原创的渴望可以得到某种（心理上的）满足。这种情况下的真实灵光是"制造"而成的；换言之，消费者所感受到的品牌真实性实际上是真实印象，未必是"真"的真实。

四、消费者对酷和地下形象的认知

"酷"被广泛理解为某种流行、神秘和神圣[3]，而"地下"则与反叛密

切相关[4,5]。这两个概念在当代设计和营销中已经被大力挖掘。本研究将它们与FAC产品和艺术家的属性相关联,分别进行了考察。

调查结果显示(表7-1问题:对FAC设计的兴趣点),"酷"一词的重要性在四组调查中并不相同。在范斯组中,它以18%的比例排名第三,而该组最高的比例是26%;在阿迪达斯组,该词也是位居第三位,比例为16%,该组最高的比例为24%;在李维斯组,在几大因素中,酷占据第二位,比例为22%,而最高的是29%;在路易威登组别,这个概念所占比例不到12%,位列第五位。这种情况表明:从消费者的视角来说,FAC的意义很有弹性,不同消费群体对FAC有着不同的认知。结合四个品牌的定位(路易威登作为高级时尚品牌;其他三个品牌则属于运动装和街头装品牌范畴的青年品牌)来看,相较于高级时尚领域,"酷"一词作为FAC产品的属性之一,似乎在青年时尚中具有更为重要的地位。

总体来说,根据结果所示,有相当一部分受访者将FAC与酷联系在一起。这或许意味着FAC产品(尤其是青年品牌中的FAC产品)已经被作为酷的一种文化理想为消费者所接受,代表了一种青年文化风格。[6]企业以此属性为助力将商品销售给大众;其目标群体主要是那些创造这些含义的年轻人。

有意思的是,笔者发现"地下(underground)"概念对受访者并没有多少吸引力(见表7-1问题:对FAC设计的兴趣点)。这或许可以理解为:他们希望被视为是主流的——尽管地下文化创造"酷",而且很多品牌在奋力打造自己的地下形象。这一发现与那些通常用自由、越轨、犯规和地下等与真实含义和逃离主流社会相关的词语来描述青年群体的理论并不一致。[4,7,8]可能的原因在于大众青年和地下青年的消费行为存在差异:对大众青年来说,地下未必等于导向真实(抑或向往真实并不代表喜欢"地下"形象);而且,对大多数青年人来说,"越轨"并不是自己想要的标签;他们真正想要(无意识的)的是该种叛逆形象中所体现的真实精神,而并非是有意将自己边缘化,或者与主流社会对抗。因此,设计师或许有必要谨慎处理为产品所赋予的意义。

因为地下与越轨、叛逆紧密相关,而这一概念对受访者并无明显吸引力,所以,艺术家的叛逆性对消费者是否有吸引力在本次调研中并没有得到明确证明。

五、街头艺术:原创和自由的承载媒介

本书所开展的一般性调研和四个品牌调研均显示:在几种艺术流派中,街头艺术相对更受青年人欢迎。一般性调研从宏观角度揭示消费者对街头艺术(包括涂鸦和漫画)的偏好。而路易威登-范斯-阿迪达斯-李维斯(LV-V-A-L)品牌调研则从微观角度提供了更为细节的信息:关于消费者对艺术家的认知理解,在针对阿迪达斯和范斯组别的调研中,街头艺术(19%)在所给出的几大吸引因素中位列第三。然而,在李维斯和路易威登组别中,它的排名有所滑落(在李维斯组别为第四位;在路易威登组别为第五位)。根据这一趋势,或许可以说:相对其他时尚领域,街头艺术在运动装领域的受欢迎程度更高。这一特征与此艺术风格的阳刚性美学特征也颇为吻合。

虽然如此,就消费者对FAC产品的整体理解来说,街头艺术的关注度相对较低暗示出:艺术风格不是影响消费者对FAC设计兴趣的最重要因素。这种倾向与他们对艺术家的理解颇为一致。考虑到LV-V-A-L调研中所考察因素(艺术家的原创性、地下身份、自由的生活方式、传奇经历和他们与街头艺术的关联)的存在状态,或许可以说,街头艺术的意义在于它是作为表达原创性和自由性的重要的视觉语言而在青年世界中存在的。这种消费倾向印证了符号经济理论:"寓言和象征层面上的美学反思"成为日常生活中自我的一个来源。[9] 单纯审美层面上的满意对消费者来说尚不足够,他们的形象所展示的和象征的同样重要,因为这些决定了他们与众不同的个性。

六、消费者对时尚与艺术融合的兴趣所在

针对消费者对FAC的兴趣,笔者对LV-V-A-L调研结果进行了比较分析,结果如表7-1所示。可以看出,在前四个最重要的因素中,四组受访者

表7-1 路易威登、阿迪达斯、李维斯及范斯消费者调研统计结果

项目		路易威登		阿迪达斯		李维斯		范斯	
		数量	百分比	数量	百分比	数量	百分比	数量	百分比
品牌的吸引力	原创性	82	14.7	88	21.7	78	16.4	100	19.8
	街头风格	—	—	116	28.6	—	—	75	14.8
	功能性	37	6.7	36	8.9	41	8.6	54	10.7
	新鲜感不断	—	—	65	16.0	33	6.9	25	4.9
	品牌名称	81	14.6	64	15.8	52	10.9	27	5.3
	历史	55	9.9	—	—	69	14.5	51	10.1
	独特性	63	11.3	—	—	52	10.9	74	14.6
	经典风格	108	19.4	—	—	80	16.8	69	13.6
	时尚风格	91	16.4	—	—	45	9.5	—	—
	其他	18	3.2	36	8.9	24	5.0	31	6.1
艺术家的吸引力	原创性	148	45.5	124	32.0	120	33.4	125	32.2
	地下身份	19	5.8	56	14.5	40	11.1	51	13.1
	自由的生活方式	55	16.9	88	22.7	92	25.6	84	21.6
	传奇经历	50	15.4	36	9.3	45	12.5	39	10.1
	和街头艺术的关联性	32	9.8	74	19.1	36	10.0	72	18.6
	其他	20	6.2	5	1.3	24	6.7	17	4.4
艺术风格偏好	涂鸦艺术	67	18.2	140	41.1	60	18.3	134	35.2
	波普艺术	101	27.4	52	15.2	67	20.4	66	17.3
	美术	113	30.6	53	15.5	70	21.3	54	14.2
	漫画和卡通	36	9.8	63	18.5	61	18.6	87	22.8
	没有特别喜欢的	15	4.1	18	5.3	31	9.5	16	4.2
	不喜欢艺术	2	0.5	6	1.8	5	1.5	2	0.5
	其他	33	8.9	7	2.1	28	8.5	21	5.5
对品牌FAC相关信息的了解情况		124	61.7	120	59.1	58	29.3	71	35.1
FAC产品购买情况		78	39.6	—	—	28	14.1	45	22.8

续表

项目		路易威登		阿迪达斯		李维斯		范斯	
		数量	百分比	数量	百分比	数量	百分比	数量	百分比
对FAC项目的兴趣点	最终设计	97	27	95	32.1	39	26	49	24.7
	设计过程	48	13.4	26	8.8	20	13.3	24	12.1
	艺术家关于艺术的思想	56	15.6	48	16.2	23	15.3	39	19.7
	艺术家的声望	22	6.1	15	5.1	7	4.7	9	4.5
	艺术家的作品	47	13.1	39	13.2	23	15.3	34	17.2
	艺术家的经历	20	5.6	20	6.8	8	5.3	10	5.1
	促成项目发生的原因	20	5.6	16	5.4	13	8.7	15	7.6
	合作的层面	24	6.7	12	4.1	6	4	9	4.5
	市场营销因素	21	5.8	22	7.4	10	6.7	7	3.5
	其他	4	1.1	3	1.0	1	0.7	2	1
对FAC设计的兴趣点	原创性	74	23.6	79	23.7	43	28.5	40	21.9
	独特性	74	23.6	66	19.8	29	19.2	47	25.7
	新鲜度	55	17.5	66	19.8	22	14.6	27	14.8
	酷	36	11.5	52	15.6	33	21.9	33	18.0
	和街头艺术的关联	22	7.0	46	13.8	8	5.3	26	14.2
	设计它们的人	—	—	19	5.7	—	—	—	—
	其文化意味	41	13.1	—	—	14	9.3	—	—
	其他	12	3.8	6	1.8	2	1.3	10	5.5
未购买的原因	价格太贵	42	40.4	37	38.5	32	46.4	24	32.9
	周围没有卖的	18	17.3	26	27.1	14	22.2	20	27.4
	消息获悉过迟	3	2.9	5	5.2	3	4.7	6	8.2
	自己也是艺术家	—	—	2	2.1	—	—	6	8.2
	不喜欢那些设计	25	24.0	17	17.7	11	17.5	8	11.0
	其他	16	15.4	9	9.4	3	4.7	9	12.3
兴趣是否提高	是的	82	64.1	68	57.6	29	38.2	45	51.7
	没有	29	22.7	27	22.9	20	26.3	18	20.7
	不知道	17	13.3	23	19.5	27	35.5	24	27.6
对新合作的期待		120	90.9	106	89	54	71.1	75	87.2

的反应惊人地一致：最终设计和艺术家的思想是最重要的两个因素；随后，艺术家作品及设计过程占据的重要程度相似，在不同组别中只是稍微有些变动。

尽管最终设计最受消费者关注这件事并不意外，这一结果仍然提示经营者令人满意的最终产品在整个项目中处于关键地位，因此也是品牌向消费者展示FAC设计时最为重要的展示点。而且，受访者对艺术家的思想以及艺术品的关注也是令人印象深刻，这表明在面对这些FAC设计时，许多消费者也很渴望了解艺术家的精神世界——这些可以以书写文字或者语言描述来得到体现，他们对艺术/艺术家一方非常留意，而不是一般性地只关心产品。

第二节
消费者的聚焦点——不只是产品

从开始到结束的整个过程中，FAC项目涉及很多方面，比如产品、创作者和推广活动。本书感兴趣的一个问题是：消费者对整个FAC项目的哪些部分更为关注？结果显示，受访者的关注点围绕产品展开。此外，很少有人在意这类产品的商业目的，比如企业以此打造品牌形象，提升销售额（见表7-1问题：对FAC项目的兴趣点）。在消费者对商业推广的排斥性与日俱增的当下，这对营销者和设计师等实践者当是一个鼓舞人心的消息。

FAC具化形式的相关发现其实也解释了真实概念的表现形式。下面将结合真实议题来对这一问题展开分析。

一、视觉因素

如前所讨论，本研究将真实归为两种具化形式：视觉层面和非视觉层面。表7-2～表7-5展示了具化方式的分布情况。在受访者对问题"跨界项目的关注点"的反馈中,视觉形式比非视觉形式所占比例要高出许多(路易威登:54%比27%;阿迪达斯:54%比28%;范斯:54%比29%;李维斯:54%比25%)。

表7-2 阿迪达斯-真实性的视觉化与非视觉化具化分布情况

议题	类别	因素	百分比	反馈总量
具化形式	视觉形式	最终设计	32.1	296份
		设计过程	8.8	
		艺术家作品	13.2	
	非视觉形式	艺术家的思想	16.2	
		艺术家的声望	5.1	
		艺术家的经历	6.8	

表7-3 路易威登-真实性的视觉化与非视觉化具化分布情况

议题	类别	因素	百分比	反馈总量
具化形式	视觉形式	最终设计	27	359份
		设计过程	13.4	
		艺术家作品	13.1	
	非视觉形式	艺术家的思想	15.6	
		艺术家的声望	6.1	
		艺术家的经历	5.6	

表7-4 范斯-真实性的视觉化与非视觉化具化分布情况

议题	类别	因素	百分比	反馈总量
具化形式	视觉形式	最终设计	24.7	198份
		设计过程	12.1	
		艺术家作品	17.2	
	非视觉形式	艺术家的思想	19.7	
		艺术家的声望	4.5	
		艺术家的经历	5.1	

表7-5 李维斯-真实性的视觉化与非视觉化具化分布情况

议题	类别	因素	百分比	反馈总量
具化形式	视觉形式	最终设计	26	150份
		设计过程	13.3	
		艺术家作品	15.3	
	非视觉形式	艺术家的思想	15.3	
		艺术家的声望	4.7	
		艺术家的经历	5.3	

最终的设计成果是受访者最为关注的地方，毫不奇怪。在某种意义上，它反映了FAC产品的重要性。一般而言，拥有一件产品可以被这样理解："占有"不止象征着个人的性格，还表明他们所隶属的团体及其社会地位[10]；通过物品的占有，他们可以"成为"他们所购买的物品，形成自我身份，这是消费社会的一大特征。[11]作为个性化的一个过程，这种消费让人们能够共享一种唯有购得才有的感觉意识。[3]就FAC产品来说，这意味着，艺术以可以穿戴在个体身上的商品化形式被人们消费。它所展示的是当代营销中集体性体验和个人拥有之间的差异。也即，不同于赞助艺术活动或者艺术性的室内设计——消费者在此以观赏、通过的方式获得沉浸式体验，产品导向的合作更为个人，可以更好地满足顾客的个性、原创和独特性等诉求。这点揭示了品牌视觉创造方面的核心地位，这与Bovone的理论也是一致的：年轻人更喜欢用图像来辅助/调和他们的口语，以此构建其身份，与真实理念联系在一起。[12]同时，这点也反映出视觉艺术家在FAC世界所具有的一个重要优势：因为他们在视觉创造方面的才能而具有的将其权威性附着于视觉物品之上的技术优势；通过他们富有表现力的视觉符号，艺术家可以将其真实性转移到品牌中去。

二、非视觉因素对消费者感受真实的影响

尽管整体来说，受访者对非视觉层面的关注没有像视觉因素那么高，但是艺术家的声誉、经历以及艺术思想等因素仍然得到较高关注度——尤其值得注意的是，在所考察的几个因素中，艺术家的艺术思想位列第二，而这几

方面与影响真实灵光构建的道德权威可以说是密切相关。品牌在FAC中对非视觉层面的运用可以联系小众营销策略（niche marketing strategy）来理解。[13]小众营销策略是一种自下而上的方法，意味着"经营者从少数消费群体开始，慢慢地发展到更为广泛的客户群"。[14]这种策略主要是用于应对成熟产业正在面临的境遇：日益激烈的竞争和价格下跌。[15]

对比之下可以看到，消费者对艺术家的艺术思想（通常表现在艺术品所表达的概念及信息中）所受到的高度关注与产业实践者的消极理解有所差别：时尚产业实践者、教育者和其他相关专家（Ma，个人交流，2007；Thomas，个人交流，2008；Price，个人交流，2009；Wicker，个人交流，2008）都认为设计中所蕴含的信息未必能够如他们所预期的为消费者所领会：大多数消费者并不了解他们所购买的跨界产品中的详细信息，他们甚至不知道自己所买的是品牌与某位艺术家的合作产品。Dusty品牌的经历进一步印证了这种观点：尽管品牌期望他们的顾客会领会到融入设计中的信息，然而，大多数消费者的兴趣点似乎只是停留在设计的形式层面。如Ma所说，"（问：在Andy Warhol系列中，你的预期和顾客最后的反应之间有什么差别？）真正喜欢这种风格的人比我们预期的要少，这点可以感受到。我不觉得购买这些T恤的客人真的明白那些东西。他们发出的讯号好像'哇，好看'。这太肤浅，不是我们最初的（目的）……我们在T恤里放入了很多来自沃霍尔的概念和话语，而不只是（形式）设计。所以，（在合作设计中）信息非常重要。很明显，我们发现客人的反应（和我们的预期）很不一样。我们最初希望他们是因为设计传递的信息而购买。事实上，他们是觉得好看所以去买……15、16岁的男孩子可能不知道他是谁。在这种情况下，我不觉得他买一个东西是因为这个人或者艺术。（这种情况的人多吗？）是的。比较多。（就是说，知道合作设计产品中的含意的人很少？）大概有20%～30%……20%～40%"（Ma，个人交流，2007）。不过同是业内人士，也有不同的声音。策划了Levi's × Andy Warhol系列的Nyman则表达了完全不同的观点。他相信购买他们FAC产品的消费者明白他们买的是什么，因为他们的产品仅在几个高端店铺销售，而且这些店铺会给它们的顾客进行详细的产品介绍。虽然如此，考虑到他们只是在有限几个地方发行这些跨界产品，可以说FAC消费者都是特定群体，而非普通消费者。

导致这种观点差别的可能原因是：本书对消费者所展开的问卷调研与所访谈的业内人士的讨论角度的不同，由此产生两种观点。从业者和评论人士从宏观视角来谈论这一现象，这意味着他们所说的消费者包括知道FAC的那些人和那些对FAC并不了解但有可能购买了这类产品的普通消费者。与此相反，本研究所做的调研是针对那些对FAC设计有所了解的群体。在这种意义上，笔者认为对那些多少对FAC设计有所了解的人来说，产品背后传递的信息是具有一定意义的。综合业内人士和消费者的反馈来看，对FAC产品背后的信息了解的消费者所占比例较小，这一小众群体更有可能是某品牌或者某种艺术文化的追捧者；对大多数消费者来说，视觉方面是最为主要的考虑内容。

此外，笔者认为，FAC运作不能只是集中在产品设计方面，而是要集中在包括设计相关的话题、产品以及视觉和非视觉因素在内的整个"产品包"上。"设计"在这里被延伸成一种抽象的精神状态。[16]其中的原因在于：对于消费者来说，产品的价值并不限于审美和功能层面，还包括象征意义。[17]这里，象征意义指的是消费者从产品中辨别出来的那些理论上讲并非产品外观组成部分的属性。[18]它们具有感官吸引力，给人以愉悦感，并传递出有关拥有者及其与他人关系的信息。[19]正因如此，产品成为表达自我和塑造身份的一种重要方式[20]；消费者利用产品的象征意义来定义自己和他们与他人的关系[21]。而这种象征意义又反过来帮助消费者从功能、审美和人体工程学层面去评估产品。[17]而且，品牌可以将特殊讯息嵌入产品，以此反映出品牌的象征性特征，而这会进一步形成品牌的个性[22]——这点对于品牌形象的认知很重要。[19,23]

虽然产品象征性意义的重要性已经得到了广泛承认，但是它与产品的关系却存在争议，这主要是因为相关刺激源（stimuli）很复杂。刺激源包括两大类：视觉层面（产品外观，比如形状、色彩、标识以及字体；可视性交流，比如创意的展示和橱窗陈列）；非视觉层面（产品信息，比如概念、相关创作者和拥有者的叙述）。[24]而且，与产品相关的象征意义常常由产品外观之外的因素决定。[25]这些元素不仅可以让消费者获得情感体验，而且会成为他们的认知评估的来源[26]，而这会进一步形成产品的象征性涵义。

还需要注意的是，既定产品的设计师和消费者常常属于不同的时空和社会群体；抽象属性大多数是源自设计师和其他专家的视角，而非来自消费者[17]；人们相信，设计师和消费者在产品的理解方面（无论是在内容上还是方式上）存在差异，设计师物化产品外表中的某种信息的方式并不能想当然地就认为与消费者的认知是一致的[27]，因为非专业人士和专业人士在对众多刺激源的感知上存在差异。从消费者角度来说，由于是非专业人士，他们的设计知识相对少于设计师，或者说性质有所不同。[17]而且，他们与设计师通常也是属于不同的时空和/或者社会群体，他们的生活经历、需求和渴望并不相同。[25]HSU等人在研究中曾以电话作为例子来揭示设计师和使用者在产品形式上的重要差异。[28]结果显示："创意""成熟""精致"的形象对设计师的偏好都有重要影响，但是，消费者的偏好却主要是受"精致"的形象所影响。

这意味着，就产品的无形意义来说，品牌和设计师有必要将刺激源的复杂性考虑进去。由此产生的结果是，消费的语境成为传递设计信息的一个很重要的渠道。也正因如此才说，设计应该超越产品本身，纳入周围相关因素。[29]在此框架内，产品与可视及非可视内容以产品外观和信息、橱窗陈列、展览等形式关联在一起。产品将此作为情感属性整合在一起。这些环节共同丰富了消费者与产品之间的互动。在此意义上，消费者所购买的是一个故事，里面以多种方式纳入了来自创造者的情感内容。换言之，它展现的是一种情感消费。艺术家的思想在消费者的反应中高居第二位这一结果进一步突出了FAC情感价值的重要性（见表7-1，问题：艺术家的吸引力）。

在此语境下，故事（或者说情感因素）甚至比产品和功能性更加重要。当然，这并非是说可以罔顾功能性，而是说，设计技术需要以恰当的方式融入产品故事中。[30,31]从设计师的角度来说，这意味着除了产品，对包装、广告和零售渠道的实际展示系统（展架、产品目录或网页等）的诸多考虑也很重要。它会影响设计形式的最终结果[25]以及与消费者的交流。考虑到产品的销售可能不在设计师的掌控范围，与视觉陈列设计师在设计概念和随后的产品展示方面的交流就成为必要的步骤。

总而言之，对比品牌和消费者的认知可以发现，大体来说，从业者已经充分意识到真实对大众的意义所指（真实的呈现维度），并在FAC产品中重点强调出来。如果对这种策略进行评估的话，可以说这种策略体现出其有效性。如果从管理实践方面来说，消费者的反应提醒践行者在打造品牌的真实性时，需要考虑具化形式的多样性，因为消费者在消费中表现得颇为感性，情感因素占有很重要的地位；而且，他们的兴趣点并不限于最终的产品，而是围绕产品的所有相关环节。对品牌来说，在策略制定过程中需要找到一个能够平衡两方面因素的方式，如此才能将艺术家的潜在价值充分展现出来。

第三节
FAC消费群体特征

一、性别差异

（一）男性消费者的亮眼表现

一些以女性为目标的FAC项目都取得了很好的成绩，典型的代表就是路易威登与日本艺术家村上隆的合作。然而，本研究发现，从宏观视角来看，男性消费者在FAC潮流中占据主导地位，对FAC表现出更高的兴趣。这一点主要表现在青年时尚领域。

① 以运动装和街头装为主导的青年品牌在此次FAC浪潮中占有核心地位（55%）。基于男性在该时尚范畴中的引领角色，此潮流表现出一定的男性属性。

② 本节的调研显示，男性对FAC更感兴趣：针对范斯消费所做的调研显示男性对该品牌的FAC产品更加了解。在路易威登消费者中有类似发现。这一发现很有意思，因为这个品牌的FAC基本上是以女性顾客为目标。

③ 主要的艺术风格隶属于以男性美学为特征的波普艺术范畴。[32]

④ 在与 Ma、S. Chan 及 Nyman 所做的访谈中得知，他们的目标主要是男性消费群体。

在 Ma 看来，之所以以男性群体为主要目标是因为男性客人具有更高的品牌忠诚度，对文化方面更加在意；相对来说，女性对装饰方面更有兴趣。Ma 的观点与既有研究存在一定矛盾：有关品牌忠诚度的研究发现性别与品牌忠诚度并无绝对关系。[33~35] 不过，影响男女消费者的忠诚度的因素确实有所不同。男性消费者的忠诚度受产品质量影响更大；而女性客人的忠诚度受互动质量的影响更大。[36] 从生物学角度来看的话，男性在处理信息时更倾向于图案形式、表格、照片和插图之类；相反，女性更倾向于接收以口述方式传递的信息。[37] 从这个角度说，男性消费者被这种特别设计所吸引的可能性或许比女性更高。

年轻男性在这股特定的时尚潮流中之所以居于主导地位还可以结合亚文化的特征来分析。亚文化源于对公共秩序的反抗，该群体以独特的风格样式作为身份标识，并以此抵抗主流文化。[7] 就此来说，年轻人与亚文化之间存在一种天然关联。事实上，对 Marisa 来说，青年人就是一个被理想化为熟知亚文化并参与其中的群体。这个群体的核心特征是违反常规、寻求个性[3]；对他们而言，彰显个体身份比突出团体身份更加重要，更有意义[38]。虽然女孩儿在亚文化中也具有重要地位，[38] 整体而言，亚文化仍表现出一种男性色彩。比如，嘻哈、骑行、朋克和极限运动（滑板、跳伞）等范畴都是由男性所主导。如 Hebdige 所解释，无论是针对亚文化的社会学阐释还是围绕都市青年的相关研究，以女孩为目标的研究都要少于男孩子。[7]

无论 FAC 为何以男性消费者为中心，他们对 FAC 信息的敏感暗示年轻男性在打造自己的时尚风格方面更有创造力，在时尚的传播过程中正在发挥着比以前远为重要的角色。考虑到过去有关男性是否具有时尚意识的研究，这股以男性为主导的 FAC 潮流支持了关于男性在时尚消费中具有重要地位的理论：如今，男女两性对服装时尚都有着积极的影响[39]；在某些方面，男性消费者的时尚意识甚至比女性更加强烈[40]。这种现象或许可以视作男性消费主义[41]的一种表现，反映了男性消费者日益提升的时尚敏感性。

（二）拓展女性运动装市场

拓展女性运动装市场的价值由以下几方面可以看出。

1.围绕品牌所做的调研并未发现性别对理解FAC有何影响。而且，相关领域对消费者的真实诉求的研究基本上都是包含男女两性在内；现有研究主要关注青年/消费者的真实诉求，几乎没有涉及性别在此方面的差异。[42~45]在一些区域，女性对艺术持有热情更加高涨：本书所做的一般性调研（香港和中国内地）显示女性消费者对街头艺术更感兴趣，对艺术家的叛逆形象、时尚职业和张扬的生活方式更为敏感。这些或许都显示出女性消费市场在此FAC领域的潜质；对有意在中国推出FAC产品的品牌来说这是一个不错的切入点。

2.基于运动装品牌的深度参与和体育运动对零售业的重要影响[46]女性对运动世界的影响也可以让我们看到女性市场的价值。近些年，女孩对运动、娱乐和网络越来越感兴趣。[47]即使在滑板领域也不例外。"滑板女孩和滑板男孩一样多，她们把滑板作为一种玩乐，一种交通工具或者一种运动。"[48]女滑板手对传统女性（服从男性）持以排斥立场，喜欢更具进攻性的肢体语言，崇拜具有独特个性的个体，追求与众不同、有趣以及其他类似的东西。[49]女性运动爱好者的比例（75%）与男性相差不多（85%）。而且，最近一项研究发现年轻女性除了觉得运动好玩，"更喜欢购买由来自具有社会责任感并支持女性运动的偶像运动员代言的运动商品"。[50]还有一点不可忽视的是，女性在运动领域的开销力量日益增大（S. Chan，个人交流，2009）。参照一项由Taylor Research & Consulting Group做的研究，"9～18岁年龄段的女孩将大量时间花费在与运动有关的玩、看、读、谈论和思考上面"。[51]这些特征可以说明确指出了运动风格品牌拓展相应市场的重要性。

二、地域差异——香港与内地

研究显示，香港消费者比内地消费者对FAC信息更加熟知。这意味着香港消费者有着更深的FAC参与度。可能的原因是香港是一个拥有时尚潮流的前沿资讯的国际化大都市[52]；时尚、跟上时代是大多数香港年轻人的渴求之一[53]。这一发现或许支持了这一理解：就FAC设想的分布传播而言，发达地区和欠发达地区存在一定差异，而这又与时尚意识相关。如同Parker等人的研究发现，中国青年消费者的时尚意识相比较美国和日本的青年人来说，要弱一些。[54]

FAC现象在内地之所以没有像在香港那样流行的一个直接原因也许是因为提供这类产品的品牌比较少：就这类合作来说，内地品牌仍然处于早期阶段。按照S. Chan（个人交流，2009）的说法，李宁是与艺术家（团体模式）合作的第一个品牌。而且这个品牌的管理层对此合作行为的认知（销售额是评价FAC效果的准则，而不是推广意义）也表明对中国品牌来说，它尚是一个新概念；那些在中国内地发展的国外品牌很少在此发布FAC产品。两种情况在很大程度上解释了内地消费者与香港等其他地区消费者相比，对这类信息了解不足的原因。尽管借助网络资源，消费者可以获得一些相关信息，但是对大多数消费者来说，仍然具有一定局限性，更不要说购买。营销者对这种产品缺乏热情的一个更重要的原因可能与FAC的象征意义相关：FAC常常被用于吸引那些排斥商业广告、具有一定反叛性和文化意识敏感的时尚人士。这种特征在中国消费者身上表现得没有像发达地区那么突出。这可以从他们相对较低的时尚意识和儒家文化的影响来理解：经济因素对消费者对独特性、时尚和产品品质的诉求具有重要影响[55]；对中国消费者来说，外表是最重要的因素，对潮流趋势和品牌的象征意义相对缺乏关注[56]。这种情况和儒家文化的影响或许也有关。[57]西方人与包括中国在内的儒家社会相比，更强调个人主义，更强调表现个人的内在价值和品味，主张真实生活的态度；生活在儒家社会的人则更在意他人的目光，因为"面子"的关系而不希望辜负他人的期待。所有这些观念可能都限制了FAC作为营销策略在这类地区的执行情况。

然而，从对消费者的调研来看，经营者对内地消费者的认知可能存在一定偏颇。如Gao等人所说，中国文化对社会导向、人际关系和团体规则及目标的重视不代表只有人与人之间的关系影响其购买行为[58]；每个社会都有集体主义和个人主义[59]，中国也不例外。尽管中国人的生活态度和哲学理念更强调群体之间的规则和竞争，个性和对品质的要求也同样在此文化中形成。[58]而且，就消费者对FAC、艺术家的认知以及对艺术的兴趣来看，内地消费者和香港消费者之间并没有多大差异：这两个区域的消费者都认为FAC更具艺术美感，更具创新性，对他们很有吸引力。与此同时，他们都将艺术家的生活与突出和特别联系在一起，视他们为异于传统规范的前卫，认为艺术家是一种时尚的职业。此外，大多数受访者都对艺术感兴趣，并且展现出一定的艺术风格偏好。

考虑到这种理解偏差，品牌或许可以考虑扩大在此区域的相关活动。然而，如同香港与内地之间的地理差异，内地的不同城市之间在观念、生活方式和消费模式方面或许也存在此类地域差别。[60]就此来说，营销者从富裕地区开始会更加稳妥。基于内地受访者对涂鸦和漫画风格以及时尚表现出强烈喜好，与街头艺术家的合作或许会更容易与中国年轻消费者碰撞出火花。如果将FAC作为一种生活方式来兜售，根据女性对艺术家和街头艺术所表现出的比男性更加敏感的调研结果来看，这一群体很有必要涵盖到。

参考文献

[1] Taylor J P. Authenticity and sincerity in tourism [J]. Annals of Tourism Research, 2001, 28(1): 7-26.

[2] Bai Y L, Tan J, Choi T M, et al. Commercializing artistic authenticity via collaborative design [J]. Asia Pacific Journal of Marketing and Logistics, 2009, 21(2): 243-266.

[3] Marisa P. Style biters: the commodification and commercialization of youth culture [D/OL]. Individualized Studies Thesis, 2002. http://www.princessmarisa.com/selection.html.

[4] Beverland M, Ewing M. Slowing the adoption and diffusion process to enhance brand repositioning: The consumer driven repositioning of Dunlop Volley [J]. Business Horizons, 2005, 48(5): 385-391.

[5] Walker J A. Art since Pop [M]. London: Thames and Hudson, 1975.

[6] Frank T. The conquest of cool: Business culture, counterculture, and the rise of hip consumerism[M]. Chicago: University of Chicago Press, 1997.

[7] Hebdige D. Subculture: the meaning of style [M]. London/New York: Routledge, 1979.

[8] Kawamura Y. Fashion-ology: an introduction to fashion studies [M]. Oxford/New York: Berg Publishers, 2005.

[9] Lash S, Urry J. Economies of signs & space [M]. London: Sage Publications, 1994.

[10] Dittmar H. The social psychology of material possessions: To have is to be [M]. Hemel Hempstead: Harvester Wheatsheaf, 1992.

[11] O'Shaughnessy J, O'Shaughnessy N J. Marketing, the consumer society and hedonism [J]. European Journal of Marketing, 2002, 36 (5/6): 524-547.

[12] Bovone L. Urban style cultures and urban cultural production in Milan: postmodern identity and the transformation of fashion [J]. Poetics, 2006, 34: 370-382.

[13] Parrish E D, Cassill N L, Oxenham W. Niche market strategy for a mature marketplace[J]. Marketing Intelligence & Planning, 2006, 24 (7): 694-707.

[14] Shani D, Chalasani S. Exploiting niches using relationship marketing [J]. The Journal of Services Marketing, 1992, 6(4): 43-45.

[15] Porter M. Clusters and the new economies of competition [J]. Harvard Business Review, 1998, 76(6): 77-90.

[16] Gobe M. Emotional branding: The new paradigm for connecting brands to people [M]. New York: Allworth Press, 2001.

[17] Blijlevens J, Creusen M E H. Schoormans J P L. How consumers perceive product appearance: The identification of three product appearance attributes [J]. International Journal of Design, 2009, 3(3): 27-35.

[18] Blank P, Massey C, Gardner H, et al. Perceiving what paintings express [M]// Crozier W R. Champman A J. Cognitive Processes in the Perception of Art. Amsterdam: North Holland, 1984: 127-143.

[19] Bloch P H. Seeking the ideal form: Product design and consumer response [J]. Journal of Marketing, 1995, 59(3): 16-29.

[20] Belk R W. Possessions and the extended self [J]. Journal of Consumer Research, 1988, 5(2): 139-167.

[21] Solomon M R. The role of products as social stimuli: A symbolic interactionism perspective [J]. J. Consumer Res. 1983, 10 (3): 319-329.

[22] Aaker J L. Dimensions of brand personality [J]. Journal of Marketing Research, 1997, 34: 347-356.

[23] Karjalainen T. It looks like a Toyota: Educational approaches to designing for visual brand recognition [J]. International Journal of Design, 2007, 1(1): 67-81.

[24] Van Rompay T, Pruyn A, Tieke P. Symbolic meaning integration in design and its Influence on product and brand evaluation [J]. International Journal of Design, 2009, 2(3): 19-26.

[25] Crilly N, Moultrie J. Clarkson P J. Seeing things: consumer response to the visual domain in product design [J]. Design Studies, 2004, 25(6): 224-254, 547-577.

[26] Lakoff G, Turner M. More Than Cool Reason: A Field Guide to Poetic Metaphor [M]. Chicago: University of Chicago Press, 1989.

[27] Krippendorf K. On the essential contexts of artifacts or on the proposition that "design is making sense (of things)" [J]. Design Issues, 1989, 5(2): 9-39.

[28] Hsu S H, Chuang M C, Chang C C. A semantic differential study of designers' and users' product form perception [J]. International Journal of Industrial Ergonomics, 2000, 25(4): 375-381.

[29] Demirbilek O, Sener B. Emotionally rich products: The effect of childhood heroes, comics and cartoon characters [M]//McDonagh D, Hekkert P, Van Erp J, et al. Design and Emotion: The Experience of Everyday Things. London: Taylor & Francis, 2002: 278-283.

[30] Ho A G, Siu K W M. Emotion design, emotional design, emotionalize design: A review on their relationships from a new perspective [J]. The Design Journal, 2012, 15(1): 9-32.

[31] Jensen R. The Dream Society: How the Coming Shift from Information to Imagination Will Transform Your Business [M]. New York: McGraw-Hill, 1999.

[32] Pomerantz S, Currie D H, Kelly D M. Sk8er girls: Skateboarders, girlhood and feminism in motion [J]. Women's Studies International Forum, 2004, 27: 547-557.

[33] Cunningham R M. Brand loyalty-what, where, how much? [J]. Harvard Business Review, 1956, 34: 116-128.

[34] Coulson J S. Buying decisions with the family and consumer-brand relationship[M]//Newman J W. On knowing the consumer. New York: John Wiley & Sons, Inc, 1966: 59-66.

[35] Guest LP. Brand loyalty revisited: a twenty year report [J]. Journal of Applied Psychology, 1964, 48: 93-97.

[36] Babakus E, Yavas U. Does Customer Sex Influence the Relationship between Perceived Quality and Share of Wallet? [J]. Journal of Business Research, 2008, 61 (9): 974-981.

[37] Meyers-Levy J, Maheswaran D. Exploring differences in males' and females' processing strategy [J]. Journal of Consumer Research, 1991, 18: 63-70.

[38] Kawamura Y. Fashion-ology: an introduction to fashion studies [M]. Oxford/New York: Berg Publishers, 2005.

[39] Vieira V A. An extended theoretical model of fashion clothing involvement [J]. Journal of Fashion Marketing and Management, 2009, 13(2): 179-200.

[40] Seock Y K, Sauls N. Hispanic consumers' shopping orientation and apparel retail store evaluation criteria: An analysis of age and gender differences [J]. Journal of Fashion Marketing and Management, 2008, 12(4): 469-486.

[41] Galilee J. Class Consumption: Understanding Middle-Class Young Men and Their Fashion Choices [J]. Men and Masculinities, 2002, 5 (1): 34.

[42] Holt D B. Why do brands cause trouble? A dialectical theory of consumer culture and brand [J]. Journal of Consumer Research, 2002, 26: 70-90.

[43] Beverland M B. Crafting brand authenticity: the case of luxury wines [J]. Journal of Management Studies, 2005, 42(5): 1003-1029.

[44] Botterill J. Cowboys, outlaws and artists: The rhetoric of authenticity and contemporary jeans and sneaker advertisements [J]. Journal of Consumer Culture, 2007, 7(1): 105-125.

[45] Brown S, Kozinets R V, Sherry J F. Teaching old brands new tricks: Retro branding and the revival of brand meaning [J]. Journal of Marketing, 2003, 67(3): 19-33.

[46] Carlson B D, Donavan D T, Cumiskey K J. Consumer-brand relationships in sport: brand personality and identification [J]. International Journal of Retail & Distribution Management, 2009, 37 (4): 370-384.

[47] Lords E. More women and fewer men participate in intercollegiate athletics, study finds [J]. The Chronicle of Higher Education, 1999, 45(44): 40.

[48] Cova B, Cova V. Tribal marketing: The tribalisation of society and its impact on the conduct of marketing [J]. European Journal of Marketing, 2002, 36 (5/6): 595-620.

[49] Pomerantz S, Currie D H, Kelly D M. Sk8er girls: Skateboarders, girlhood and feminism in motion [J]. Women's Studies International Forum, 2004, 27: 547-557.

[50] Bradish C, Lathrop A H, Sedgwick W. Girl power: examining the female pre-teen and teen as a distinct segment of the sport marketplace [J]. Sport Marketing Quarterly, 2001, 10(1): 19-24.

[51] Applebaum M. If you build it, will she come? [J]. Brandweek, 2003, 44(35): 28.

[52] Law K M, Zhang Z M, Leung C S. Fashion change and fashion consumption: the chaotic perspective [J]. Journal of Fashion Marketing and Management, 2004, 8(4): 362-374.

[53] Tai H C, Tam L M. A lifestlye analysis [J]. Journal of International Consumer Marketing, 1996, 9(1): 25-42.

[54] Parker S R, Hermans C M, Schaefer A D. Fashion consciousness of Chinese, Japanese and American teenagers [J]. Journal of Fashion Marketing and Management, 2004, 8(2): 176-186.

[55] Rocha M A V, Hammond L, Hawkins D. Age, gender and national factors in fashion consumption [J]. Journal of Fashion Marketing and Management, 2005, 9 (4): 380-390.

[56] Zhang Z M, Li Y, Gong C, et al. Casual wear product attributes: a Chinese consumers' perspective [J]. Journal of Fashion Marketing and Management, 2002, 6(1): 53-62.

[57] Wong N Y, Ahuvia A C. Personal taste and family face: luxury consumption in Confucian and western societies [J]. Psychology and Marketing, 1998, 15 (5): 423-441.

[58] Gao L, Norton M J T, Zhang Z M, et al. Potential niche markets for luxury fashion goods in China [J]. Journal of Fashion Marketing and Management, 2009, 13(4): 514-526.

[59] Triandis H C. Individualism and Collectivism [M]. Boulder: Westview Press, 1995.

[60] Cui G, Lui Q. Regional market segments of China: opportunities and barriers in a big emerging market [J]. Journal of Consumer Marketing, 2000, 17(2): 55-72.

真 实 乌 托 邦
21世纪的服装品牌与艺术

第八章

品牌艺术化在中国的表现

　　FAC策略俨然已经成为一种为品牌所广泛采用的经营策略。从行为特征和价值体系来看，在很大程度上，它是作为旨在建立真实品牌形象的"反营销式"营销策略而存在，是一种青年文化的表达。那么这种策略在中国本土市场表现如何？

本章节主要围绕植根于街头文化类的服装品牌讨论FAC在中国的表现。案例所涉及的街头服装品牌包括两类。

① 植根于街头文化的独立品牌。这类品牌在精神理念和服装样式上延续了街头服装的原初精神。

② 与街头文化关系密切的品牌。比如阿迪达斯。虽然阿迪达斯是一个运动服饰品牌，但是它与街头文化世界关系密切，甚至可以说是街头文化形成的重要推手，而且该品牌还专门开设了定位于街头文化的支线阿迪达斯三叶草系列。在此情形下，本书也将其纳入考察视野（注：除李宁案例之外，相关数据资料于笔者博士后在站期间搜集）。

讨论主要围绕八个品牌案例展开。其中四个跨国企业品牌：阿迪达斯、匡威、范斯和李维斯。其他四个则为本土品牌：运动品牌李宁及三个本土独立品牌——坏品味、创可贴8和MSBAD。样本具体来源主要有三个渠道。

① 访谈推荐（雪球抽样法snowballing）。坏品味品牌创始人王悦是笔者在走访调研中，通过位于鼓楼的勺子家店铺主人引荐认识，并进行了访谈。

② 潮牌展览。如Chic-Young Blood服装博览会。创可贴8便是通过参观这一展览选定。

③ 网络/社交媒体。如新浪微博、优酷视频。MSBAD和创可贴8两个品牌的创始人宋洋和江森海由笔者通过网络平台联系到，并进行了访谈。坏品味、创可贴8和MSBAD在第三章中作为策略性真实营销和非策略性真实营销案例分别做过详细分析，本章不再赘述，而是直接就相关问题展开讨论。

第一节
国外品牌在中国的表现

基于本书所涉及的跨国案例品牌与艺术领域开展过多次合作，为了更加直观地呈现品牌的FAC行为特点，在陈述方式上采用了图表形式。与此相对的是，以记述方式对四个本土品牌的艺术化营销表现进行了阐述分析。

一、代表案例

案例 1 阿迪达斯

阿迪达斯于1926年成立于德国,2001年成立三叶草系列,定位为街头时尚品牌,也是阿迪达斯与艺术跨界合作的主要部门。该品牌的价值体系为:创新、真实、原创和经典。目标消费群为时尚达人、潮流引领者(表8-1~表8-4,图8-1)。

表8-1 中国市场主要FAC事件

时间	事件	类别	多形式跨界	具体地点
2010	凝聚艺术力量	展览(庆祝新品上市)	否	上海
2011	"Be Faster"城市艺术家系列	合作产品系列	否	国内
2011	《我有一枚三叶草》独立创作女性艺术展	展览	否	上海
2012	艺术家之椅	广告片	否	国内
2013	集结原创	全球范围品牌活动	是	沈阳、西安、杭州、广州

表8-2 FAC概念

事件	概念/动因	证明(引述)
凝聚艺术力量	创新、好奇、个性	"上海国金中心IFC店化身成互动展览空间,运用WINTER系列中的单品作灵感,设计并展出一系列艺术创作,展示街头文化艺术……"
"Be Faster"城市艺术家系列	更新、更年轻、更本土化	突破:"战胜你的恐惧/主导你的意志/冲破一切阻碍/向目标冲刺/BE FASTER";超自然加速:"液体般流动/火焰般蔓延/挣脱束缚/跳跃/盘旋/自我加速/BE FASTER"
《我有一枚三叶草》独立创作女性艺术展	自我、原创、潮流、坚守梦想——女装春夏新品发布	倾听女性创意艺术家们的自我态度和时尚生活方式,看她们如何展现"Original",自己坚守创意梦想

续表

事件	概念/动因	证明（引述）
艺术家之椅	个性、原创、自我	"Adidas Originals向全世界发出忠于原创、表现自我的邀请"……"展现Adidas Originals品牌的核心理念：运动、创意、个性……使阿迪达斯魔方真正成为所有热爱运动、时尚和艺术人士的圣地"
集结原创	本土原创、突破传统、文化碰撞	"集结本土街头文化潮流代表""突破传统"，"挖掘""冲撞"与"不和谐"的可能性

表8-3 FAC合作模式

事件	艺术家及其身份	成果	时间模式
凝聚艺术力量	加拿大视觉设计师Chairman Ting/街头艺术	限定展览/艺术作品	一次性
"Be Faster"城市艺术家系列	锋潮创意集体成员：Calvin Ho（香港）、QQ赵（北京）、Sop2099（又名So.P，天津）、Honghua（扬州）和Shadow Chen（宁波）	七款T恤	一次性
《我有一枚三叶草》独立创作女性艺术展	五位女性艺术家：Nicole、爱米、Lio Beardsley、胡静、Roro	艺术展	一次性
艺术家之椅	香港邹蕴盈，上海官纯，北京阎威，南京唐彦	十二张"艺术家之椅"	一次性
集结原创	先锋歌手Cha Cha & 2D/Flash自由艺术家卜桦；UFO多媒体实验团队；现场壁画师"画图男"（陈英杰）&数码视效艺术家王萌；说唱音乐人性感的拖鞋；新媒体创意家aaajiao；摇滚乐队AV大久保；DJ HIKIBI；DJ Drunk Monk；沙画艺术家田原；DJ BAIFAN	活动派对	一次性

第八章 品牌艺术化在中国的表现

表8-4　FAC交流模式

事件	交流信息	渠道
凝聚艺术力量	展览现场展示	在线视频网站：优酷/酷6/56/土豆；网络；纸介媒体
"Be Faster"城市艺术家系列	锋潮创意集体成员制作小纪录片（创作喜好、灵感来源）	
《我有一枚三叶草》独立创作女性艺术展	展览现场呈现	
艺术家之椅	艺术家讲述自己的生活习惯、创作喜好、艺术家之椅的创作过程	
集结原创	艺术家讲述创作理念以及与阿迪达斯合作的特色；活动现场呈现	

(a) 艺术家之椅

(b) 我有一枚三叶草

(c) 凝聚艺术力量

(d) 城市艺术家系列

(e) 集结原创

图8-1　阿迪达斯FAC及作品

案例 2　匡威

匡威于1908年成立于美国马萨诸塞，被誉为美国"原创运动企业"，核心产品是运动鞋。品牌遍布全球160多个国家（表8-5～表8-8，

图8-2)。

表8-5 中国市场主要FAC事件

时间	事件	多种跨界形式	地点
2013	豁出去10×10	是	国内
2012	"在路涂"	否	国内
2012	冬靴创想第一篇	否	国内
2012	冬靴创想第二篇	否	国内
2012	与插画家Christina Suen合作	否	国内
2012	怪女影像计划	否	国内
2010	"全民艺术"系列活动	否	全球范围；国内：上海、北京、成都
2010	与画交欢	否	北京

表8-6 FAC概念

事件	概念/动机	证据（引述）
豁出去10×10	无畏/勇敢（豁出去）、创造力	"每个城市都有豁出去的一面，也有那些豁出去的青年们，他们在不停地发现，不停地创造。这个夏天，我们推出了'豁出去'的网络活动，让每个人都可以发掘豁出去的一面""10位来自于不同领域的优秀青年和我们分享10个不同的城市话题"
"在路涂"	创意、玩乐、友情、故事、冒险、自由、勇气	"一场疯狂的涂鸦西游记，一群涂鸦客的公路之旅，一部嬉皮轻野的纪录片"；野性、自由、困难、艰辛以及挣扎；各种笑料和故事，让人看到几位艺术家一路的思考和创作，而同时，也带我们去到平日去不到的一片天地，打开另一个世界；过瘾地涂鸦、流浪似的从云南到西藏一路欣赏美景、结识朋友、不断创作，背后的艰难、疯狂和令人开怀一笑的故事
冬靴创想第一篇	潮流、创意、想象力、故事；趣味、可爱、温暖	"一系列的冬靴，它们不只是看上去时髦而已，每一双都可以成为激发创作的灵感，而我们也希望通过艺术家之手，呈现出一双鞋能带给每个人的不同想象——充满故事的鞋"；展示作品及创作人的故事

第八章 品牌艺术化在中国的表现

续表

事件	概念/动机	证据（引述）
冬靴创想第二篇	创作故事：一个在荒野探索和落入陷阱的故事	"年轻的艺术家和设计师Ling Meng成为我们邀请来创作这个故事的人，他以使用皮质和齿型橡胶底的Chuck Taylor All Star Hollis呈现出一个在荒野探索和落入陷阱的故事。炭、烟、捕猎器、雕塑和一双户外感的靴子，当大多数人只能踩着靴子在城市中行走的时候，Ling把靴子带回那个原本的生存环境中，人和自然相互捕获和猎取的过程"
与插画家Christina Suen的合作	清新、诡异的风格 ——以插画演绎匡威产品	
怪女影像计划	以独特方式感知自我 ——以匡威2012秋季色彩系列为创作灵感	"每一次她都会邀请一群毫无表演经验的普通女生，将她们引入奇特的故事、怪异夸张的服装和肢体语言之中，在拍摄梦境般的视觉影像的过程中，帮助那些看似平平无奇的女生们，从困扰的社会问题中解放出来，重新感知自我"； "在跑遍世界各地之后，她终于来到中国，在匡威的邀请下，以色彩系列的四种颜色，创造出完全不同的作品，蓝色和绿色的《天启》，红色和紫色的《幻夜》，影像中邀请来的都是不同背景的普通女孩，无论是故事内容或是服装都事先保密，在拍摄和互动中，渐渐释放出自己不知觉的一面，如坠入万花筒中一般，折射出炫丽的美"
"全民艺术"系列活动	大众亲身体验艺术创作	"每个人都是艺术家，每一天都能玩艺术。匡威在上海、北京和成都三城掀起'全民艺术'系列活动，让你亲身玩艺术，搞创意！"
与画交欢	描绘一个想象力与现实并存的虚幻世界； 表达对于自由的向往	"一个水下世界的主题，并在稿纸上绘制了很多草稿，画面中我想表达的是一个虚幻的世界，想象力与现实并存，空间的交汇可以推翻常理。整个画面可以理解成为一个梦境：大鱼投射的标语使得小丑似的人物大惊失措，惊诧中他脑中想象自己从自己眼中影射的轨道中游走，画面中游泳的人便是他的化身。在他的身边有一群像蘑菇的水母游弋着，发出黄色的光。他带着特殊的泳镜游向前方，轨道穿过金字塔和峡谷向前，在'万能之眼'的照耀下，他终被发现，并被'现实'迎面一击，鼻血喷溅而出，但对自由的向往不会停止，喷溅出的鼻血化作飞鸟继续向远方翱翔去了"

表8-7 FAC合作模式

事件	艺术家及其身份	成果	时间模式
豁出去10×10	深圳涂鸦艺术家YYY；厦门艺术家天灼；上海摄影师汤庭	访谈故事	一次
"在路涂"	涂鸦团体IDT	旅行创作/纪录片	一个月
冬靴创想第一篇	冰岛艺术家 Kitty Von-Somtime	装置	一次
冬靴创想第二篇	艺术家兼设计师Ling Meng	雕塑	一次
与插画家Christina Suen的合作	香港插画师Christina Suen	T恤和Icon系列插画	两次
怪女影像计划	冰岛艺术家 Kitty Von-Sometime	影像作品	两次
人物故事	插画师Mud	访谈故事	
"全民艺术"系列活动	大众	广告活动	一次
与画交欢	美编/吉他手/主唱 詹盼	大型壁画	一次

表8-8 FAC交流

事件	信息交流	渠道
豁出去10×10	图文形式介绍艺术家对所在城市的看法	
"在路涂"	花絮、正片、首映、IDT日记；纪录片首映派对；IDT三位涂鸦艺术家现场涂鸦；啤酒、烧烤；上海、深圳、厦门、台北、多场放映	官网、时尚媒体、优酷、土豆、微博等社交媒体
冬靴创想第一篇	图文形式介绍艺术家经历、创作点以及与匡威合作的作品特色	官网、豆瓣、人人网等社交媒体
冬靴创想第二篇	同上	官网、豆瓣、人人网等社交媒体
与插画家Christina Suen的合作	访谈和图文形式介绍插画家从事插画创作的经历，及其《呆站的人》系列的灵感来源	官网、豆瓣、人人网等社交媒体

续表

事件	信息交流	渠道
怪女影像计划	图文形式介绍艺术家创作特点及合作理念；视频呈现影像作品	官网、时尚媒体、优酷、土豆、微博等社交媒体
"全民艺术"系列活动	图文介绍、视频呈现活动现场过程	官网、时尚媒体、优酷、土豆、微博等社交媒体
与画交欢	图文介绍作品的主题及构思过程、生活状态、价值观念以及对于艺术的态度	官网

(a) 冬靴创想第二篇　　(b) 怪女影像计划　　(c) "在路涂"

(d) 与画交欢　　(e) 插画家Christina Suen作品　　(f) "全民艺术"

图8-2　匡威FAC及作品

案例 3　范斯

范斯成立于1966年。核心产品包括有关滑板、冲浪、滑雪、摩托车运动的鞋、服装、配饰。崇尚个性化的创意表达，并致力于提供"时尚、经济"的鞋靴（表8-9～表8-12，图8-3）。

表8-9 中国市场FAC

时间	事件	成果	多形式合作	地点
2013	Asia Art Bag端午节特别版	推广活动	否	
2013	亚洲艺术联盟Tee	T恤产品	否	
2013	季节性新品设计	Classic&Slim鞋款	否	
2012	"瘾"救梦滑板摄影展	摄影作品	否	
2012	Vans OTW Gallery Tee	图案T恤	否	全球

表8-10 FAC概念

事件	概念/动机	证据（引述）
Vans × Dallas Clayton	追逐梦想、勇往直前	"Vans × Dallas Clayton系列同时推出了成人和儿童鞋款，无论你是大朋友还是小朋友，都不要停下追逐梦想的脚步"； "Dallas还为此次联名系列设计了一个充分体现范斯品牌精神的插画形象——滑板的独角兽！它代表着人们需要Keep It Moving（勇往直前）"
Vans × Kendra Dandy合作系列	新颖、有趣	"来自美国宾夕法尼亚的先锋艺术家Kendra Dandy以丰富的色彩和充满趣味、生活化的插画风格而闻名！这次我们和她联手打造了一系列服饰和鞋款产品，趣味横生、又非常有创意地表达了她的个人风格"； "Kendra Dandy的设计作品有着她鲜明的个人风格——明亮、青春、新颖并充满趣味。她的插画作品总能带给人以惊喜"
HOUSE OF VANS路演	鼓励创意地自我表达	"邀请了当代文身艺术家Isis Mayan（马大帅）带来特色的艺术课堂，指导范斯粉丝创作自己专属的Vans Sk8-Hi"； "在本次路演现场特别设置的Vans Sk8-Hi DIY活动区域将提供彩色画笔，鼓励创意地自我表达。完成创作后扫二维码上传作品，即可亲眼见证3D Sk8-Hi鞋款的生成，分享到朋友圈便能获得50周年贴纸。投稿后更有机会受邀前往House of Vans年度活动，设计作品也可能成为范斯合作款于2017年发售。艺术从来不拘泥于形式，范斯便是其中一种"

第八章 品牌艺术化在中国的表现

续表

事件	概念/动机	证据（引述）
Asia Art Bag端午节特别版	制作体验、专属性	在店铺内体验丝网印刷，制作属于你自己的Asia Art Bag
亚洲艺术联盟Tee	支持和宣传亚洲独立艺术设计力量；每个人都能成为艺术家；在线定制	"范斯为了让大家能更好地了解Asia Art Tee系列，同时也秉着每个人都能成为艺术家的理念，推出了在线定制你的范斯Asia Art Tee的活动，最终设计的获胜者会得到自己作品制作成的真实Tee，而作品的支持者也会得到获胜作品Tee的奖励"
"瘾"救梦滑板摄影展	救梦行动	
Vans OTW Gallery Tee	独特创意，历史性关联	Off the Wall Gallery Tee系列的诞生源自于范斯第一本品牌书籍——《Off the Wall：Stories of Sole from Vans Originals》的发布，当时为了庆祝该书的正式发布，范斯邀请了一组艺术家创作设计了一系列的艺术作品，这些艺术家都与范斯的历史和文化有着紧密的联系，并且都有着个人对于范斯经典的不同诠释……艺术家们把自己独特的创意通过范斯Off the Wall Gallery Tee表现了出来

表8-11 FAC合作模式

事件	艺术家及其身份	成果	时间模式
Vans × Dallas Clayton	儿童作家、插画家	系列联名服饰和鞋款产品	一次
Vans × Kendra Dandy	先锋艺术家	系列联名服饰和鞋款产品	一次
HOUSE OF VANS滑板绘画WORKSHOP	文身艺术家Isis Mayan（马大帅）	滑板绘画	一次
HOUSE OF VANS路演	素人艺术家	画稿	一次
Asia Art Bag端午节特别版	大众	帆布袋	短期
季节性新品设计	文身艺术家王可（Nono）	球鞋	一次
"瘾"救梦滑板摄影展	滑板摄影师郑诣	展览	短期
Vans OTW Gallery Tee	Neil Blender，Jay Howell和Dave Carnie	六款T恤	季节性活动

表8-12 FAC交流方式

事件	信息交流	交流渠道
Vans × Dallas Clayton	图文介绍	媒体、社交网站
Vans × Kendra Dandy	图文介绍	媒体、社交网站
HOUSE OF VANS滑板绘画WORKSHOP	图文介绍	媒体、社交网站
HOUSE OF VANS路演	图文介绍	媒体、社交网站
Asia Art Bag端午节特别版	文字介绍活动内容	官网
季节性新品设计	图文介绍产品制作过程	官网
"瘾"救梦滑板摄影展	图文介绍	官网、媒体、社交网站
Vans OTW Gallery Tee	图文介绍	

(a) "瘾"救梦滑板摄影展

(b) Vans Dragon Sk8滑板巡回赛 武汉站涂鸦艺术家Ray

(c) 王可设计

(d) Vans OTW Gallery Tee

(e) 亚洲艺术联盟Tee

(f) 亚洲艺术联盟Tee

图8-3 范斯FAC及作品

案例 4 李维斯

美国牛仔品牌李维斯于1853年成立。在世界范围内约有6000家门店。1996年以7.1亿美元的销售额达到发展顶点之后，在接下来的十年中连续下滑。情况一直持续到2005、2006年前后。自1999年起，在品牌仍旧处于复苏时期，李维斯开始将时尚、艺术和音乐元素融入营销体系中，强化其产品的品质、创新性和潮流性（表8-13～表8-16，图8-4）。

表8-13 中国市场FAC

时间	事件	成果	多跨界形式	地点
2013	打造专属印记	传图互动（宣传）	是	全球范围
2013	新前沿艺术展	艺术展	否	上海
2010	插画T恤	联名设计	否	中国

表8-14 FAC概念

事件	概念/动机	证据（引述）
打造专属印记	追寻自我，实现梦想；闯荡、开拓、冒险	"你，想证明，想蜕变，想追寻，要成就。你，意欲成为你，这世上独一无二的你"
新前沿艺术展	诠释先锋精神，激励自我发现	"此次艺术展以推广先锋精神为核心思想，通过邀请来自艺术、文学、音乐、设计、建筑等领域的中国前沿人物参与跨界合作，诠释先锋精神，激励自我发现之旅"；"通过对传统与创新、经典与前卫的挖掘，把对自我的发现、对梦想的执着，深刻地赋予在每一件艺术家所创造的艺术作品中"
插画T恤	独立、自由、自我、酷、玩乐	"描绘出七个很会享受自我生活、渴望美好的个性女孩子形象。相信渴望独立、自由、原创的年轻人，必能在其中找到纯真的自我，勾起甜蜜的回忆"

表8-15 FAC合作模式

事件	艺术家及其身份	成果	时间模式
打造专属印记	V Wang王威，视觉设计师；大D(常德庆)，时尚玩偶艺术家；薛邦威，视觉设计师；陈漫，摄影师；李金涛，视觉设计师；娄南立，电子音乐家/新媒体影像艺术家；周忠润，漫画设计师；崔岫闻，新媒体影像艺术家	影像作品	一次

续表

事件	艺术家身份	成果	时间模式
新前沿艺术展	崔岫闻、陈漫、陈天灼、上官喆、楼南立、童文威、大D（常德庆）、Super Nature	艺术品/艺术展	一次
插画T恤	插画家闫威	七款T恤	一次

表8-16 FAC交流

事件	信息交流	交流渠道
打造专属印记	艺术家对于理念、过程及结果的讲述、描绘	官网、社交媒体、时尚媒体，如优酷、YouTube
新前沿艺术展	价值理念	官网、社交媒体、时尚媒体，如优酷
插画T恤	图文形式介绍艺术家及其合作设计	

(a) 大D（常德庆）作品

(b) 陈天灼、上官喆作品

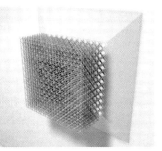
(c) Super Nature作品

(d) 插画师闫威设计

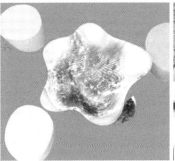
(e) 建筑师侯梁作品

(f) 摄影师陈漫作品

图8-4 李维斯FAC艺术家及作品

二、综合讨论

（一）以FAC铸造真实价值体系

针对中国年轻消费群体，阿迪达斯、范斯、李维斯、匡威四个跨国品牌在FAC中传递的价值主要有：自我实现、身份认同（self-identity）、原创、创意、真实、自由、勇气、冒险、梦想。从根本上说，这些描述其实是从不同视角提出了相同的核心概念：真实——通过活动、产品和跨界理念等形式在强调品牌真实性的同时，鼓励年轻人勇于实现自我，做"真实的自己"。这两个层面互相关联，而让消费者获得自我实现（self-fulfillment）的感觉更被视为是成功打造真实品牌的关键。[1]因为，所谓"真实"，并不是固有的存在于经由设计而来的真实物体或事件中，而是一种得到社会认可的建构。[2]也就是说，纯粹的真实并不存在，它更多的是一种主观感受和情感需求；它的形成建立在个人经验之上；此人眼中的真在彼人眼里或许就是假。换言之，是人将真实性赋予了物。[3]正是基于这种主观色彩，品牌如果要建构真实形象，首先需要让消费者体验到真实感。

（二）国外品牌FAC运作机制的差异

企业之所以能够建成灵光型形象，很重要的一个因素在于它能够建立一套独特的交流方式，能够与消费者进行有效交流，并吸引他们前来购物。或者说，这类企业有能力开发出一个由自己制定规则的游戏。[4]这一点在跨国品牌中表现比较明显。它们在满足消费群体的真实诉求时，一方面有很多相似点，比如在概念上对于自我、自由、原创的强调，在合作形式方面，都涉及产品、推广活动、陈列等，合作成果在产品方面都以T恤、运动鞋为主。而另一方面，它们也在有意识地形成自己的特色，以区别于其他竞争对手（表8-17、表8-18）。这种区分体现在真实的概念切入点、活动形式、艺术风格的选择等方面。比如匡威强调讲故事、全民参与；范斯以滑板运动、赛事为亮点，多与涂鸦等街头艺术家合作；阿迪达斯涉及的艺术风格更加多样，同时相比其他品牌，对女性消费群体更为兼顾（比如《我有一枚三叶草》

独立创作女性展览）；李维斯则更注重与先锋派艺术的合作。

表8-17 国外品牌FAC差异

品牌 类别	匡威	范斯	阿迪达斯	李维斯
FAC形式	"在路涂"纪录片； 全民艺术； 冬靴创想篇； 怪女影像计划； 与画交欢； 人物访谈	2013 Vans Dragon Sk8滑板巡回赛； Asia Art Bag端午节特别版； 亚洲艺术联盟Tee； "瘾"救梦滑板摄影展	集结原创； 我有一枚三叶草； 凝结艺术力量； 艺术家之椅； 城市艺术家系列	打造专属印记； 新前沿艺术展； 插画T恤
真实表现维度	故事性/全民性/想象力/勇气	意义/专属/体验	原创/突破	先锋性/自我
艺术风格及艺术家	艺术风格较综合； 草根艺术/先锋艺术	艺术风格更集中； 植根于运动/滑板街头艺术为核心； 男性消费群体为主	艺术风格更加多样； 草根艺术/先锋艺术； 同时涵盖女性消费群体	先锋艺术

表8-18 国外品牌FAC特征汇总表（相同点）——阿迪达斯、范斯、匡威、李维斯

类别 组成	内容构成	特征
融合模式	派对； 展览； 产品； 活动； 广告； 自媒体	综合性融合； 多样性合作； 艺术的多种角色
跨界概念	玩乐； 自我实现； 创意性； 原创； 自由； 冒险； 梦想	象征性价值； 品牌构建； 社交性/情感关联
规模/范围	本土/地域性； 全球化	全球在地化（Glocalization）

续表

组成＼类别	内容构成	特征
艺术风格	草根艺术； 先锋艺术	玩乐； 创意； 原创； 全民性
创作者身份	成名艺术家； 新生力量； 民众	扁平艺术世界； 艺术的民主化、世俗化
艺术的角色/意义	多形式跨界； 教化/意义； 娱乐	艺术的民主化、世俗化、工具化
信息开放度	合作理念、创作过程、最终产品、艺术家经历	信息透明化
交流渠道	社交媒体； 网络媒体	脸书/You Tube/myspace/tumblr/Instagram/微博/微信/开心/人人/优酷/土豆
互动	订制/DIY/活动派对	消费者从被动消费转向积极消费
产品类别	T恤、球鞋、服饰	

第二节
本土品牌的表现

中国本土品牌的表现在第三章已有部分分析（坏品味、创可贴8、阿尤、MSBAD）。这里分析本土品牌在艺术化营销方面的表现时，对本土品牌的FAC运作与"国际模式"（即国际上常用的模式）的异同点给予了特别关注。这里所谓"国际模式"，指合作中有关艺术家选择（艺术家身份和艺术风格）以及品牌哲学方面的因素考量：①该艺术家是否在国际范围参与到FAC领域；②其艺术风格所具有的特征；③运作FAC的出发点（理念和动机）。

一、运动品牌李宁

李宁公司拥有品牌营销、研发、设计、制造、经销及零售能力，产品主要包括自有李宁品牌生产的运动及休闲鞋类、服装、器材和配件产品。主要采用外包生产和特许分销商模式，在中国已经建立庞大的供应链管理体系以及分销和零售网络。截至2018年12月31日，李宁品牌在中国境内的线下店铺总数为6344家（不包含李宁YOUNG），并持续在东南亚、印度、中亚、美国和欧洲等地区开拓业务。

1998年建立了中国第一家服装与鞋产品设计开发中心，率先成为自主开发的中国体育用品公司。2004年8月，香港设计研发中心成立，集中负责设计李宁品牌服装产品，并且与国内外各大知名高校和研究机构保持密切合作。

李宁的FAC项目是由香港设计师S. Chan策划执行。他将FAC用作一种提升品牌国际知名度、使其更加现代、年轻的方式。为了实现这些目标，S. Chan视FAC为一种不同于硬营销的软营销方式，如他所说，"我不想把钱用来在杂志、报纸上做广告。我觉得这没有效果。这（FAC）是软销售；它会让人更加相信这是好东西"。他把这次的跨界定位为主要用于吸引媒体注意而非增加销售额的推广角色。就此来说，可以说S. Chan为李宁品牌运作FAC的思路同阿迪达斯、范斯这些国际品牌的思路是类似的。事实上，在访谈中，他对阿迪达斯、耐克的相关营销策略的分析表明他对这些品牌的营销哲学很了解。这种低调思路与Beverland和Ewing的理论是一致的：作为一种营销策略，其理念是"以与众不同的方式吸引关注，但要避免张扬"。[5] 而且，顺应其创新、国际化的概念，他们邀请了国际艺术家来推出一次性合作。其中几位艺术家在国际范围的FAC合作中都很活跃，比如涂鸦艺术家Kaws、Delta（本研究查到5个品牌与Kaws有过合作；三个品牌与Delta有过合作；而且Kaws为李维斯等品牌提供了多次一次性合作设计）。就这些方面来说，李宁的行为与当前国际FAC模式是一致的（图8-5，表8-19）。

图8-5 李宁：Say No to Limits

表8-19 李宁的FAC项目

条目	备注
大事件	1998年，李宁成为中国首家开设服装与运动鞋设计与发展中心的品牌。公司发展迅速，并意识到创意的必要性
规模	截至2008年，品牌拥有6393家店铺
价值体系	透过运动获得启发和赋能
目标群体	中端市场定位；14~23岁的中国年轻人群
合作模式	短期FAC设计； 限量款 Li-Ning & 邹蕴盈，Gary Chung，王天仁，洪强，林东鹏 for 2007（项目：Sports as Art）；Li-Ning & Kaws, Olivier Kuntzel, Florence Deygas, Delta (Boris Tellegen), Hidekichi Shigemoto, James Jarvis, Mr. A 及：phunk Studio for 2007（项目：Say No to Limits）
艺术家身份	插画家邹蕴盈，化妆师Gary Chung，木雕艺术家王天仁，新媒体艺术家洪强，视觉艺术家林东鹏，Delta（本名Boris Tellegen），油墨画家/黑色墨水插画家Hidekichi Shigemoto
FAC类别	服装
推广活动	T台展演； 在北京798空间举办的有关艺术、运动和时尚主题的展览之上，由合作艺术家创作的绘画、雕塑及涂鸦作品也参加了展示
概念亮点	庆祝李宁新推出的品牌口号："Say No to Limits"

按照 S. Chan 所说，李宁是内地第一个与国际艺术家启动这种合作的品牌。在此层面上，或许可以说，FAC 项目在那时的中国内地是一种新型营销形式，尽管在国际范围已经广为采用。

李宁 FAC 项目中所存在的问题

尽管李宁在其当时的创意总监 S. Chan 的带领下以国际常用模式运作了 FAC 项目，但是在执行过程中以及与品牌管理方的沟通中也出现了一系列不可忽视的问题。

1. 合作艺术家一方

李宁这一项目的推进并非一帆风顺。因为所邀请的艺术家的原因，合作遇到了不小的挑战，整个过程处于一种被动地位。艺术家起初对于是否加入此次合作表现得比较犹豫，因为他们并不太了解这一品牌，担心会损害自己的形象。他们最终决定加入此项目是因为奥林匹克运动会将于 2008 年在北京举办，此外还有一个原因是他们的朋友加入了此次合作。比如 Colette 是受 James Jarvis 影响，Kaws 则是受 Colette 影响。在这之后的合作中，艺术家并没有给予很好的配合。首先，他们只是通过邮件向品牌方提供了数码打印作品，而非 S. Chan 开始预期的 3D 作品。在有限的时间里，为了能够在后面的展示中有实物作品展览，Chan 请这些艺术家提出具体要求，然后由公司安排制作。然而，艺术家拒绝提供他们作品的细节，比如尺寸、材料等。他们甚至不对如何将他们所设计的图案与服装结合在一起直接提出思路。相反，他们要求设计来做这项工作，然后由他们来审核是否合适。这种要求也使得工作量大增，花费了很多时间，效率大减，因为在此期间，进行了多次设计修改。

S. Chan 相信，"在中国香港、日本、伦敦开展这样的项目容易得多。但是这个项目是在中国内地。不一样的"。"在现实中，他们或许和其他公司，其他国家有合作，而且他们有不同的方法（开展合作）。但是对于中国，他们不了解。" Nyman 对与他们的 FAC 项目合作的介绍印证了这种说法：安迪·沃霍尔基金找到李维斯公司，然后 Andy Warhol 产品线问世；后来 Damien Hirst 的加入也很偶然、简单，"Hirst 系列的问世是因为 Damien 在纽约Barneys购买了一款Warhol系列的衣服,他很喜欢。他联系到我,要再多买几款这个系列的设计。我就问他是否愿意和李维斯合作"。"我把Damien带到李维斯公司,问你们愿意和Damien合作吗?李维斯说yes(是的)。所以我就做了这个系列。"毫不奇怪,奢侈品牌路易威登的FAC项目进展得很顺利。在整个过程中,掌控项目开展的是其设计师Marc Jacobs。在一篇访谈报道中,Marc Jacobs谈到了Richard Prince如何找到创作灵感,为路易威登创作作品的:"我给了他(Prince)为'Vuitton'字母做的设计,一种个性字体。我还给他提供了我们店里的发票,这样他可以用在银行支票上……这种模仿好像让Richard非常开心。接着我们又给他准备了字母的丝网印花和'LV Paris'logo。从那一刻起,他疯了!每天,他会做25款设计!""我们展示出他给我们的所有作品,并从中选出我们最为关注的部分以及要采用的材料。然后我们做出了样品。"[6]

2.品牌方

按照S. Chan所说,品牌管理层对这种形式的营销或者其意义缺乏足够了解。由此带来的结果是,虽然品牌跨入了艺术领域,但是管理者和设计师之间对所开展的FAC有不同的理解。S. Chan认为,主要目标不是销量,而是构建品牌形象和吸引媒体注意,然而,管理者并不赞同,他们更关注的是销售额。

> 我结束这个项目后,公司的反馈是,"我不懂你在做什么"。因为他们希望的是,我拿到预算后,去打广告。这是一种强行推销。但是我不想通过硬广告来推广品牌。我觉得行不通。我使用的(是)间接的软推销。因此,整个项目用的是广告预算。我不想拿钱在杂志、报纸上打广告。我觉得没用。FAC是软销售;会让人更加相信这是好的。
>
> 以香港杂志为例。如果李宁在香港《东touch》杂志上做广告,香港杂志对李宁产品的功能进行报道。那是一个广告。你会作何感想?哪一种好?我觉得是举办活动(诸如FAC),无论哪种活动形式的推广都会比强行推销的广告有效。硬销售的广告遍布城市的各个角落,但是没人想看那些,相信那些……因为以前他们不了解这个可以帮助推广品

牌。他们（管理方）相信什么？他们相信销售额。这季产品卖了多少？他们相信这个。什么是推广，什么是广告，我想你明白。所以，他们没有做好国际化的准备。即使是高级管理层，他们也不知道什么是广告。他们只相信销售额的增加。"这种样式的鞋子卖了100双，所以他们是好设计。这种款式只卖了10双，所以不是好的设计。"你觉得这么理解对吗？游戏根本不该是这样的。（S. Chan，个人交流，2009）

这种矛盾的认知或许影响了品牌的发展和重新定位的方向，尤其是在这位设计师离职之后。虽然说设计师对这类设计合作负有主要责任，但是决策者对这种联盟运作的理解至关重要，因为他们的观念不仅表明了企业执行策略联盟的原因以及对联盟设计的态度，同时还影响着决定策略联盟开展情况的一系列行动。[7]Bruce等关于影响合作成效的五个因素也显示了高层就有关投资决策达成共识的重要性。[8]故此，李宁品牌管理层或许需要明确其运作策略以及对此类合作的认知。此外，李宁在此活动中的表现在一定程度上也揭示出中国品牌对这类跨界活动的理解还较为浅显。无论怎样，在执行提案前，品牌方与设计师之间就合作理念进行充分的沟通交流很重要。（现状备注：品牌没有延续这条路线，2015年提出了新的口号，朝时尚、潮流方向发展，2018年引领国潮风，在李宁品牌发展史上创造出新的辉煌。品牌对"艺术化"这一段历史似乎有所忌讳，甚至在其历史路线图中都没有提及。启示：艺术化对品牌建设有重要价值，但并非万能，前提是系统性地规划，与决策层达成共识。）

二、街头品牌的本土化：从街牌到潮牌

调研发现，源于西方的街头服装、街头品牌在国内出现了一定的"变异"：无论是消费者还是经营者，人们常常以潮牌（潮流品牌）来指代街牌（街头品牌）或者混合使用。在访谈中，街头文化领域业内人士对此也有解释，在提出两者差异的同时，也表现出某种不确定性。

对于街头文化立场坚定的人来说，街牌和潮牌是不同的概念。比如坏品味的王悦认为：街头品牌到中国之后就"变味"了。"它变成《1626》（一本国内著名的潮流杂志）那种风格。《1626》特别港范儿，特别潮牌。其实街头，定义比较大，并不是潮流，并不是潮牌。"从她的观点里可以看到街牌与潮牌的模糊而密切的关系：潮牌不是街牌，而是街牌从"地下"走向"地上"的演绎。

对于更为包容的人士来说，潮牌和街牌在指代上则可以等同，不过，就国内外品牌所展现的精神理念而言，还是存在一定差异。对此，资深潮流媒体人、《1626》杂志UV项目的负责人姚杰（个人交流，2012年9月）详细地谈了他的看法：

（国内外街牌）质量上在慢慢拉近。但外国的那个潮流品牌，设计概念比较强。例如有一个品牌，它的主导很喜欢摇滚，特别喜欢某一个乐队。他能把他生产的东西全都朝这个方向去做。国内品牌在这方面，要对应市场，自己的爱好只占一部分，跟市场要结合。所以就有混合性，比重很大。在国外，你做一些好东西出来，人家就会欣赏。国内还是要和主流的搭边。不搭边的话，卖的量会少一点。品牌还是一个小品牌。但是你要做有性格的品牌是特别困难的。

（问：国外品牌有点不顾一切地想表达自己？）对。跟他们的，尤其是欧洲美国的，跟他们那个环境（有关系），他们就是很自我吧……反正，做品牌我要做我喜欢的。（问：我们这边做会畏首畏尾，可能从生存的角度讲？）也有一点。做了你也想别人欣赏吧，卖得出去吧，其实也不一定是生存的问题，想要有人去欣赏你，买你的作品。所以我们就要推荐一些好的东西，给年轻人。年轻人对接触的这个文化，可能还是来自于网络，少。我们接触的可能还是初中的时候怎么样，知道的可能也不够多，文化的底蕴也不够强。人家设计了一些细节或一些想法的时候，不一定体会到。例如，他很喜欢一个乐队，他设计了一些东西。然后你也喜欢这些乐队，一看，大家产生共鸣了——我很喜欢这个衣服，我穿上跟我朋友说，我喜欢这个乐队，什么品牌出了这个设计，他会说。他有这个文化，通过这个品牌聚到一起去说话。如果你没有这个爱好，这个喜欢，单纯是跟潮，去买，对里面的故事不是特别了解，那可能就缺乏了一些文化的东西在里面了。因为你知道，这个东西其实是一种次文化，不一定是主流的。（问：换句话说，在街牌或潮牌的设计中，文化的东西更重要？）它是需要的，但是一些品牌会忽略了这个东西。流行什么，他会去出一些，设计一些，迎合潮流方向的，也有很多这样的牌子。

综上所述，国内外街头服装的差异可概括为以下几点：国外品牌更注重精神表达，更强调自我，设计中故事性（文化性）比较突出；而国内品牌在这些方面就比较弱，同时，出于生存考虑，更关注市场，相对于地下文化，国内品牌更加靠近主流。在这种情况下，街牌的"地下"和小众形象在此没有那么突出。它的目标群体是潮流意识明显的年轻人，而不是某种亚文化群体——对于他们而言，反潮流是常见的一种态度。

就国内品牌来说，坏品味相对更坚持街头风格的原本风貌，地下亚文化色彩比较明显。而其他两个则并不刻意追求地下形象，受众相对而言更加广泛，严格来说，属于街牌的变异版：潮牌。（基于两者模糊的界限以及潮牌称呼的广泛性，在本书中，街牌与潮牌视为等同，互为交换使用。）虽然江森海并没有将创可贴8定位成潮流品牌（其实，很多品牌排斥为自己的风格贴标签），但是从其产品的款式风格（T恤、卫衣、运动鞋、配饰等），广泛的年轻受众，与摇滚、街头艺术等亚文化群体的密切联系这几方面来看，创可贴8仍然表现出明显的潮牌特征，准确地说，是个人观念意识很强、目标明确、主打创意的潮流品牌，欧美街头文化意味比较淡。不过，街牌原初"意见性"内涵的减弱是整个街头文化领域所面临的问题，并不只是存在于中国市场。尤其是在跨界合作方面，这点体现得更明显。近几年，随着"融合"的普泛化，跨界概念已经被提高到营销战略的高度，成为独立品牌和企业品牌频繁使用的手段，商业色彩越来越浓重。街头服装也不例外，随着街头文化的主流化和商业化，其"发声"价值也被大幅弱化，图案开始更多地强调视觉冲击力和形式层面的装饰性。

具体到与艺术融合的理念来说，本土品牌与阿迪达斯等品牌类似，同样强调自我、自由。但不同的是，作为个人的品牌化延伸，这几个独立品牌的价值观更具有个人色彩：无论是坏品味王悦的玩乐态度，还是创可贴8江森海对于创意、童趣、幽默精神的追求，他们更注重经营者自身的感受和价值观的实现，而不是将满足消费者需求或者获利放于首位。相对而言，运作更加规范、商业化的MSBAD更倾向于将品牌的价值理念传递给消费者。

三、综合分析

（一）合作活跃度

本书所涉及的几个独立品牌和企业品牌在与艺术的融合方面总体说表现很活跃。不过，最为活跃的还是跨国企业品牌。

对于街头文化而言，合作不仅是激发创意的方式，也具有很重要的交流意义——在这种设计过程中，他们可以获得一种社交愉悦，可以借此建立自己的社交网络，找到志同道合的朋友。与此同时，传递信息，表达观念也是很重要的一点。但是相比较而言，这两点在国内这三个品牌案例中并不明显。而且，从笔者所走访的其他一些本土品牌看，本土品牌与包括艺术家在内的其他领域的人士合作也比较少。这种缺乏在某种程度上似乎暗示着构成街头文化的潮流、艺术、滑板、死飞（Fixed gear）等核心文化要素之间缺乏融合性。此外，是否也暗示出品牌间的社交性联络表现不够活络？抑或是作为初始阶段，品牌将更多的精力投放在品牌的建设和发展中？还是说，这是本土街牌的运作的一个特点？对于这些疑问，后续研究将继续关注。

（二）跨界模式

从整体上说，品牌与艺术的结合有两种模式：不同品牌（或者说品牌与艺术家）之间的合作；艺术家创建街头服装品牌。相比于两个独立单位（品牌与艺术家）之间的合作，MSBAD和创可贴8两个品牌更倾向于第二种，这里称之为艺术品牌或艺术化潮流品牌。

此外，在创可贴8和坏品味中，FAC跨界基本是以单独模式出现，而非同时开展的多种跨界形式中的一部分。但是对于作为艺术-潮流品牌的MSBAD而言，情况比较特别。它是艺术家多种延伸形式中的一种。

（三）目标受众

四个国际品牌传递的价值理念主要是为了满足和激发消费者需求。具体目标群体是青年潮流引领者。FAC是它们的一种滴入式推广路线：借助FAC，首先得到时尚先锋的肯定，再以此吸引模仿者和追随者——也就是大众青年（Palladini，个人交流，2009）。这一目标路线印证了有关时尚引领者的角色：无论对时尚产业还是学术研究，这一群体都具有重要价值；引领者的接受在很大程度上意味着一款时尚新品的商业性成功，[9]因为它提升了产品的可见度，以及对大众的吸引力[10]。就FAC而言，更准确的说法或许是，跨国企业品牌是在有意识地利用街头文化的地下、酷特质来吸引更多大众青年，将这种源于亚文化青年群体的意识形态、形象外表以及言行举止作为青年的范式标准来推广。[11]

在本书所考察的本土品牌中，李宁和MSBAD两个品牌的目标受众很明确。而国内创可贴8和坏品味两个品牌，作为个人色彩浓厚的独立品牌，则更注重企业主自我价值或个人兴趣的实现，在目标客户群定位上比较模糊、宽泛。以坏品味来说，甚至不考虑受众群，"这就跟做音乐一样，就是你考虑的是把音乐做出来，至于谁去喜欢它，是观众的事情，是听众的事情"（王悦）。这种"自我"与其小众定位及其玩乐性的经营态度很一致。在这种不设压力的状态下，以自由心态经营品牌也可以理解。

参考文献

[1] Lewis D, Bridger D. The Soul of the New Consumer [M]. London: Nicholas Brealey, 2000.
[2] Jones S. Negotiating Authentic Objects and Authentic Selves: Beyond the Deconstruction of Authenticity [J]. Journal of Material Culture, 2010, 15(2): 183.

[3] 吉尔摩, 派恩二世. 真实经济: 消费者真正渴望的是什么[M]. 陈劲, 译. 北京: 中信出版社, 2010: 103.

[4] Björkman I. Aura: Aesthetic Business Creativity [J]. Consumption Markets & Culture, 2002, 5(1): 69-78.

[5] Beverland M, Ewing M. Slowing the adoption and diffusion process to enhance brand repositioning: The consumer driven repositioning of Dunlop Volley [J]. Business Horizons, 2005, 48(5), 389.

[6] Wicker O. Marc Jacobs: "We have the same references" [N]. Liberation, 2008-2-29.

[7] Pansiri J. The influence of managers' characteristics and perceptions in strategic alliance practice [J]. Management Decision, 2005, 43(9): 1097-1113.

[8] Bruce M, Leverick F, Littler D. Complexities of collaborative product development [J]. Technovation, 1995, 15 (9): 535-552.

[9] Goldsmith R E, Moore M A, Beaudoin P. Fashion innovativeness and self-concept: a replication [J]. Journal of Product & Brand Management, 1999, 8 (1): 7-18.

[10] Phau I, Lo C. Profiling fashion innovators: A study of self-concept, impulse buying and internet purchase Intent [J]. Journal of Fashion Marketing and Management, 2004, 8(4): 399.

[11] Marisa P. Style biters: the commodification and commercialization of youth culture [D/OL]. Individualized Studies Thesis, 2002. http://www.princessmarisa.com/selection.html.

第九章

艺术化品牌营销的策略总结与建议

如果有形产品代表的是可视化的现实,那么品牌代表的便是想象——有画面有故事的想象世界。"真实的品牌是一系列能够与消费者建立情感联系的故事。"[1] 正是品牌对于想象力量的倚重和激发,艺术凭借其独特性、创新性、故事性等优势迎来了其黄金岁月,作为一种重要的审美手段成为"消费的主要兴奋剂"。"21世纪初的新颖之处并不在于文化产业的诞生……而是在于审美手段的发展,审美手段成为消费的主要兴奋剂,尤其是对那些甚至不具有任何审美维度的消费。""审美品味的刺激允许生产者出售更多的'体验'而非物质产品,这使感觉成为了第一要素……在其非物质的包裹下,消费并不需要对商品的绝对占有,而是需要情感波束,品味规则能够在必要时保证这些波束的可比性。这表现为情绪和情感的可消费型,也就是说从电子游戏一直到仅仅是在商业区闲逛,都是消费的主题。"[2]

作为一种经营策略或者说品牌建设方式，品牌与艺术的融合可以说已经趋于常态化，而且其适用范围远不限于奢侈品牌范畴，还包括大量的高街品牌——无论是历史悠久的百年老品牌，还是枝丫尚嫩的新晋品牌。如何评估品牌与艺术跨界的有效性？在笔者看来，这需要结合FAC所具有的价值（包括已挖掘及未挖掘的价值）来看。就调研结果而言，品牌在实践中将FAC主要用于品牌建设和品牌定位改良方面；进一步说，无论是街头服装与艺术的结合，还是广义范围的服装与艺术的结合，两者关联的价值主要体现在象征层面，而且这种意义主要源于艺术家一方。在这种情况下，对于品牌来说，不仅要明确合作的目标，更要了解艺术的价值——这其实应该是合作前提，在此之后再谈合作方式的选择。接下来，笔者将结合前面八章的内容就商业语境下艺术的营销价值和具体的合作策略提出几点看法和建议。

第一节
聚焦艺术中的真实性

哪些因素构成了艺术真实性或者有助于激发真实感？这里我们可以从艺术的内在品质、感染力、故事性及娱乐性四个方面来看——这也是在艺术走向世俗化的时代背景下，艺术对品牌的价值所在。

一、不因复制而消散的真实

艺术之所以能够受到众多品牌的青睐，成为塑造真实品牌形象的重要手段，在很大程度上要归于它与真实性的密切关联。如前所述，在西方文化中，艺术家自从19世纪浪漫主义运动以来已经作为真实典范而存在。真实诉诸感官和认知，与价值和意义紧密相关。就此来说，文化和艺术与生俱来便借助其饱含情感诉求的表现力和创造力从多个方面关照真实。[3]而且，艺术的核心价值不在于物理层面，而是深植于其非物质性层面（意义、伦理道德、独特性等)。人们对这些属性的评判主要是基于艺术家的独特性、业界权威性及其生活故事和成功经历的叙事手法——在现实中,这些都会影响真实灵光的形成。这意味着,艺术创作和机械复制可以兼容,灵光不会因为复制品的生产而消失。不仅如此,借助创意营销策略,机械复制甚至还能提升作品和艺术家自身的价值。

二、润物无声:集启迪与娱乐于一体

从消费者的角度来看,真实性可以从两个层面展现:启蒙教化和消遣娱乐。

从品牌对于跨界行为的描述可以发现,有几个概念频频出现:原创、独特、真诚、自我、信念和社会意义。这些非物质层面的品质对于今天的品牌和顾客都具有莫大的吸引力。"品行是品牌精华的核心所在。有德行的元素是品牌永葆青春的重要来源。"[4]艺术正可以从社会意义这类深层视角激发人的共鸣。除此之外,艺术真诚坦率的一面在失真失信的今天无疑有其独到吸引力。就这些理念而言,艺术(以活动或合作产品形式出现)体现出一种教化和启发层面的价值:通过理念主张来激发观者的情感共鸣,予以心灵启迪,引导自我认知(同时,还可以让人暂时性地逃离现实)。比如李维斯与上官喆、陈天灼的合作寓意"每个人只要有先锋精神都有发光发火的年代"。

玩乐和愉悦是消费的重要组成部分,富有情感和意义的体验是"好生活"的基础。[5]如前所述,玩乐是FAC中一个很重要的概念。对于企业品牌来说,艺术的一个重要功用是让消费者获得玩的乐趣。比如创可贴8的T恤图案和宣传方式就以幽默的创意取胜。匡威以涂鸦活动"在路涂"纪录片举办了首映派对,IDT三位涂鸦艺术家现场涂鸦,而且还提供啤酒、烧烤。它发起的全民艺术旨在让每个人都来玩艺术。在这里,艺术更多的是表现出它的娱乐作用:通过艺术的内容、形式或创作方式,为观众/消费者带来愉悦感。在此情况下,艺术不是靠其意识形态方面的内容,或者传递的信息等需要思考、认知的层面,而是靠它所提供的感官体验和传达的感觉,来吸引和影响消费者和观众。

从艺术所扮演的这种角色看，在创意文化产业体系下，今天的艺术除了延续传递信息、表达价值和意义的同时，还表现出强烈的娱乐色彩，如同时尚、音乐一样。而且，作为创意产业中的一个领域，它与其他领域互相交融，共享资源。艺术的这一娱乐功用在艺术界也受到一些人的鼓励。比如资深艺术评论家海克就认为，"文化差异并不重要，欣赏艺术不需要特别技能或者教育，进入艺术世界纯粹是自发的事情"。[6]海克将自己看作艺术粉丝，如同他是摇滚乐的粉丝一样，两者没有什么不同。对于艺术粉丝来说，没有必要为它是不是商品而困扰——艺术就像他们所购买兜售的CD一样。从这种观点出发，当今艺术可以说不仅没有界限，而且也不必思考，否则会导致过于严肃，减少乐趣和美感，影响人的体验。Richard Pooler也有类似观点：他认为并非所有的艺术都要或者应该是严肃和有价值的，还可以用于唤起自我表现。[7]艺术可以只是单纯地享受乐趣，概念艺术在此方面做得很好。

在这种情况下，FAC成为娱乐的接入点，艺术扮演了社交工具的角色，成为人们互动的一种媒介形式。此时，消费便展现出其突出的游戏意味，即消费远不止于直接消费物品，还包括围绕消费物品展开的消费者互动、娱乐。[8]品牌这种借助FAC让消费者参与到愉悦、娱乐、互动性的展览和活动的方式非常有助于和消费者建立关系。[9]这点非常有助于消费者获得真实体验。因为在玩乐状态中，人们往往会感觉自己最真实，最"像"自己，是在真实的世界和真实的自己打交道。伦顿等将这种出于愉悦和玩乐需求状态下的真实称为"存在真实"（existential authenticity）。[10]

换言之，艺术不仅可以协助品牌传递信息、表达态度和价值观念，还可以通过消费者所接受的方式（寓教于乐）来呈现。再加上艺术长久以来所具有的文化地位。这些特征使得艺术具有最大程度吸引消费者的潜力。

真实诉求具有等级性特征，而等级性又与地域经济的发展程度有关，换言之，不同经济水平的地区，对真实诉求的表现会存在一定差别。尽管在信息社会，借助网络，人们的观念意识可以在很大程度上实现同质化，但是经济因素对于消费诉求或者发展诉求仍具有重要影响作用，而艺术的弹性特点使其可以从不同层面来满足这一诉求。

三、具有感染力的故事

一个成功的品牌往往也是会讲"故事"的能手——品牌经常会采用讲故事（storytelling）的方式来打造真实灵光。通过故事，品牌不仅可以渲染出富于魅力的光辉，还可以让那些教条性的信息变得更加通俗易懂，便于记忆。而艺术在想象力、感染力、戏剧性、情节性、故事性等方面的特征使其在讲故事方面具有天然优势。在传达信息观念的方式上，有必要充分发挥艺术的故事性优势，在无形之中"套牢"观者的心。

四、独特的视觉表现力

文字、语言因其主观性会产生程度不一的失真，而画面则将主导权交由观者。艺术，作为语言的"反对物"，可渗入人的内心，直抵人类的集体无意识。一幅画面胜过千言万语，与文字相比，更容易激发人的情感。[11]如本书研究发现所示，在品牌与艺术的跨界融合中，视觉层面的表现令消费者最为关注。就此来说，艺术创造者无疑有其独到优势：艺术家的视觉表达技艺经过数个世纪的锤炼，他们所拥有的"视觉词汇量"足以表达我们的精神诉求、内心渴望，以及我们的生存意义，更无须说他们从美学视角，以抽象或具象方式刻画人、物以及神圣的东西的能力。[12]

从更为宏观的视角看，艺术作为重要的表征系统之一，在品牌身份构建方面有其独到优势。因为品牌本质上就是视觉性的：企业网址、品牌商标、营销活动、包装以及产品设计都需要视觉材料来打造特色鲜明的品牌身份，以此吸引注意力，刺激感官。[13,14]

五、合作，忠于艺术的完整性和自治性

对于艺术，人们最为看重的是它的内在价值，包括其独一无二的特性——无论是否带有目的性（即为了艺术而艺术，或是工具主义艺术）。如果它被单纯的买卖性目的所操纵，那它也便不是艺术，而成为广告，或者更

笼统地说，成为营销。这会产生相反效果，会让消费者和观众疏远——大众的理解力越来越强，有能力对真实与非真实做出区分，哪怕只是凭直觉。[3] 因此，当企业与艺术结合时，无论是赞助展览，还是联合设计，艺术的完整性和创作自由都应予保留。这点尤为重要，因为对艺术自治性的尊重将是产品真实性的保证。这意味着，在开始合作之前，品牌应该明确合作目标，以保证既与其商业目标一致，同时也不会牺牲艺术的完整性。这就需要企业对所选艺术家及其风格具有一定的了解，在认可其理念、并找到与自身的结合点的前提下进行合作。

第二节
艺术合伙人选择

一、风格

波普文化相关的艺术，尤其是草根艺术，比如涂鸦，在转变经济中，对企业很有吸引力。究其原因，或许是因为里面蕴含的诱人、挑战传统和富于创新精神的信息及其小众性形象可以吸引到那些难以触及的消费群体。而且，这种艺术的娱乐性和互动性比较强。

（一）品牌与艺术家间的契合度

品牌与艺术家之间的契合度是选择合适艺术家合作者的一项重要管理原则。这点可以从消费者和品牌两方面来分析。

1.消费方

LV-V-A-L调研显示，四个品牌在各自的消费群体中所呈现的画风并不相同。相对来说，阿迪达斯和范斯的形象更为接近：街头风格和原创性在吸引消费者的系列元素中位列前两位。就路易威登和李维斯来说，作为拥有悠久历史的两个品牌，经典风格则对它们的消费者最为迷人。在此之后，两个品牌从不同角度展示出它们的吸引力：对于路易威登，它们的时尚风格、原创性和品牌名字令消费者印象深刻；对于李维斯，它们的原创性和历史更为消费者所珍视。在此情况下，并不奇怪，他们的艺术偏好会有所不同。如前所述，调研显示消费者的艺术偏好：奢侈品牌的消费者对高雅艺术和波普艺术具有更好的兴趣；相对来说，运动品牌的消费者对涂鸦艺术、漫画、卡通更为倾心。

2.品牌方

作为一个单独案例，阿迪达斯在艺术家创意风格方面展现出策略性考量，即使那些艺术家合作者享有很好的声誉。在三个合作系列中，有两个是和涂鸦艺术家合作，在涉入的艺术家中有65%（11/17）是涂鸦艺术家。这在很大程度上与阿迪达斯对自己的市场定位相一致。该品牌（三叶草）定位为街头风格的品牌，这在合作上自然指向了涂鸦或街头艺术家。品牌清楚当下涂鸦对消费者的影响力：涂鸦已经成功建立了自己的艺术地位，并拥一批有数量可观的观众。近些年，嘻哈艺术文化现象在年轻人的世界中极具影响力。Broder显示：嘻哈时尚在年轻人中间是一项铁律而非例外。[15]作为嘻哈文化四项核心活动（饶舌rapping，涂鸦graffiti art，霹雳舞breakdancing及打碟DJing）之一，涂鸦艺术对年轻人的吸引力显而易见。简言之，嘻哈文化的繁荣景象是该品牌策略制定的基础。

以上发现揭示出，经营者当谨慎选择跨界领域，保证艺术家选择与品牌的目标相一致。比如，品牌需要考虑FAC是否用于加强品牌一贯的形象（形象的一致性）或者旨在建立新的形象，是要取悦现有消费者亦或是吸引新的消费群体。而且，艺术家的态度是决定艺术产品（合作）的关键性环节。换言之，艺术家通过展现自己的艺术风格而将某种形象赋予品牌。这意味着如果展现艺术权威性的产品与目标消费群体的诉求不一致，那将难以有效构建或强化品牌的真实灵光。与品牌的定位和目标市场相符合，艺术家创意风格和形象的精心选择将进一步提升艺术合作的成功几率。

（二）波普类艺术/民众艺术（populist art）的主导性

尽管合作的艺术风格多种多样，但是本研究发现与波普艺术相关的艺术，诸如涂鸦、漫画、波普艺术（Kaws，安迪·沃霍尔）在高端时尚和高街时尚中都很活跃。这种趋势在青年品牌中表现尤其明显。比如，阿迪达斯倾向于从波普艺术和街头艺术世界中选择知名艺术家作为合作者；范斯的合作者基本上来自街头艺术世界，比如涂鸦艺术家Wes Humpston，Neckface，Kaws，Futura，文身艺术家Mr. Cartoon，地下卡通艺术家Robert Williams。通过分析艺术家的个人履历，可以发现这表现在两个方面。

① 在涉及FAC项目的246位艺术家中，将近68%（168/246）与波普艺术相关，包括波普艺术、街头艺术（或涂鸦艺术）、漫画、卡通；在这一群体中，街头艺术占有的比例为76%（127/168）；此外，15%（25/168）是漫画风格的艺术家。

② 与此一致，调研中受访消费者对波普艺术、街头艺术（或涂鸦艺术）、漫画、卡通的偏好也表明波普艺术相关艺术风格的受欢迎程度。

这种艺术风格盛行的原因可以从两方面来理解：简单易懂；与青年文化相关。简单易懂对消费大众来说很重要。"我觉得艺术需要能够容易接触到，容易理解——不能太抽象或太深奥——因为品牌想把产品卖给尽可能多的人。这就是为何大多数品牌会寻找波普艺术家或者已经家喻户晓的艺术家来合作。波普艺术，任何人都能从一个很简单的层面上来理解，因为通常来说它轻松、色彩缤纷、令人愉快……"（Thomas，个人交流，2008）。

除此之外，这一问题也可以联系FAC在青年世界的缘起。这在很大程度上和波鞋（运动鞋）相关。作为FAC的重要领域，波鞋FAC对艺术家（和设计师）合作的盛行具有重要贡献——自21世纪以来这种合作迅速增加。[16]

事实上，本书所调研的18个运动装品牌的FAC项目中，72%集中在运动鞋上（范斯、阿迪达斯、耐克、匡威、DC、Gravis、K-Swiss、飞跃、锐步、PF Flyers、Prokeds、Etnies Plus、Simple）。根据Intercity所说，运动鞋FAC植根于1970年代嘻哈和滑板这类创意亚文化之中，它们是涂鸦艺术在青年中流行的根源所在。或许正是基于此根源，以阳刚美学为特色[17]的波普类艺术融入到青年时尚中。与此同时，这也解释了为何男性消费者占据主导地位。考虑到青年品牌在FAC潮流中的显著地位，这一分析或许也表明了广义上的FAC——作为广受热捧的营销策略——所具有的特征和意义。

简言之，这种艺术植根于青年世界，以地下性和阳刚性为特征，而且通俗易懂。这些特征或许为追溯FAC的发展脉络提供了线索：经营者试图借助这种反叛性的艺术体裁来吸引年轻人，而且男性消费者是他们的关键目标；随着这种源于男性世界的美学理念在时尚界的传播，FAC在男女品牌类别中都逐渐流行开来；而且，它的易于理解的审美特征对于它在广大消费群体中的流行起到了关键作用。

（三）风格的多样性

虽然波普类艺术在FAC营销中颇为盛行，但是也要看到诸如阿迪达斯等品牌也和图案艺术家和先锋艺术家冈本太郎（Taro okamoto）开展了很多合作。事实上，很多品牌（比如路易威登，李维斯，Agnes b.）都有类似倾向。就此来说，似乎很多品牌都热衷于在同一个合作企划中启用多位艺术家。可能的解释是，此举意在展示品牌的创造性和创新性。如同Yau解释他们的合作哲学时所说："为了保持展览风格之间的平衡，我们常常喜欢交替纳入不同艺术形式，以此给公众提供持续不断的新鲜感。"另一个例子是李维斯。这个品牌采用了两种不同的路线来与艺术家展开合作：一方面，它与安迪·沃霍尔、Kaws这些艺术家建立了长期合作；另一方面，它与插画家邹蕴盈、Simone Legno等开展一次性合作，进行区域性发行，相信这种方式可以给它们的消费者带来一种新鲜感和不同的体验。

作为对这种景象的进一步解释，可以同有关广告中多明星代言（即在一个项目中与两位以上的艺术家合作）的分析相结合。按照Hsu和Chuang的观点，这种形式有助于保持一致性，避免枯燥无聊，并且可以吸引多种消费群体。[18]Seno和Lukas曾经开展了一项更为深入的有关多明星产品代言研究。[19]他们分析了明星多样性的现象。参照他们的观点，启用多位艺术家来开展同一项FAC项目在意义转换方面可以产生两种效应：假如艺术家合作者在合作中呈现出多种不同的艺术风，那么它可以将各种不同的意义转入品牌之中；假如这些合作者在艺术风格上具有相似性，那么这种合作可以以强化的方式将某种特定的涵义转移到品牌中去。简言之，针对同一个合作项目，企业或品牌决定启用的艺术家的数量会对品牌的形象产生影响：如果艺术家在艺术的风格和理念上彼此互补、具有差异性，那么"（合作）人数的增加会使转入品牌中的意义的范畴得到扩大"；相反，如果在风格理念上彼此一致，是相关的，那么"（合作）人数的增加可能会强化注入品牌中的某种涵义"。[19]

据此来说，纳入多种艺术风格意味着品牌除了保持现有消费群之外，也在努力扩大它们的消费群。以路易威登为例，在它们的FAC历史上，该品牌与不同艺术风格（涂鸦、波普等）的艺术家先后开展了合作；然而，就调查来说，路易威登的消费者更喜欢波普艺术和美术。在此情况下，路易威登与涂鸦艺术家Stephen Sprouse的合作似乎反映了品牌意在扩大市场的意图。而且相关的证明在路易威登在日本的创建人Hata的著作中也有提到。[20]借助FAC策略，路易威登成功更新了品牌形象，不仅进一步强化了顾客忠诚度，而且也扩大了它的市场份额。

二、声望

对于艺术家知名度的重要性，受访者表现出两种截然不同的观点：知名度并非重要考量因素；优先选择知名艺术家。此外，还有更为折中的第三种立场：声望是一个弹性因素。

① Yau，Palladini，Ching宣称他们的合作和艺术家的声望没有多少关联——即使他们的一些合作者在自己的领域颇有名气，比如挪用艺术家Richard Prince，波普艺术家村上隆，地下漫画家Robert Williams。Palladini明确指出，他们在选择合作者时，会避开主流化，选择那些形象小众、地下的艺术家。

② 与之相对，其他受访者认为艺术家的名气应该是一个很重要的考虑因素。如来自香港的从业者Ma所说，包括艺术在内的某个领域的代表人物是他们的最优选择，这在很大程度上解释了为何他们与安迪·沃霍尔合

作。"它有助于我们在国外的发展。"（Ma，个人交流，2007）他认为随着艺术合作的日益商业化，艺术家的声望对合作的成功与否将起到关键性作用。Dusty 的这种运作模式暗示出与明星艺术家合作对那些影响力较弱的品牌来说大有裨益。

说到 FAC 的未来，他认为艺术家的身份和设计质量对于成功的合作来说至关重要。因此，这也解释了他们选择艺术家的规则：关于跨界，品牌更倾向于选择业界代表性人物。"情况还好。没有以前那么热。但是也没有完全过时，还好。我觉得（合作）取决于知名度……合作方是谁，设计了什么东西，也就是说所有的设计都要有原因……坦白来说，一半一半。一半也许是出于商业角度；另一半是为了教育。真的是一半一半……如果我们真想做商业化的东西，我们不一定非要做这个 Andy Warhol 系列……沃霍尔的东西不是特别商业化……我们生活在这个时期，大家都知道沃霍尔代表了这种类型的艺术。如果我做其他方向的其他产品，也会选择代表性人物的。（这种合作）真的不是出于我们的利益才做的。"（Ma，个人交流，2007）

Teo（个人交流，2009）针对李宁的评论进一步暗示出对于规模较小或者影响力较弱的品牌，艺术家的声望在吸引媒体关注方面至关重要。类似的，Thomas 及 I. Chan，两位时尚领域的评论人和媒体人，很认可艺术家的声望。"选择家喻户晓的艺术家是因为他们可以与消费者之间立刻建立关联（Thomas，个人交流，2008）。"在谈到阿迪达斯在香港市场的考量因素时，Tam（个人交流，2009）也提到了提案合作者的声望的重要性："偶像地位"及其在目标市场的影响力是他们的两个重要权衡要素。

③ 艺术家的身份是一个弹性因素。Teo 的观点暗示艺术家身份是一个弹性因素。在她而言，随着 FAC 案例的增多，混搭式合作模式正在出现，以保证创新性。李维斯的设计师 Nyman 的想法似乎支持了这一看法，他表示：他想尝试一种艺术性合作，艺术家的身份秘而不宣，人们只能通过口口相传的方式来获悉。"艺术合作现在已经做完了。未来，我想做的艺术合作是艺术家是神秘的，人们是通过口口相传才知道……当某人靠自己来发现而不是由别人来告诉时，事情更加重要。"这种理念透露出两条信息：一方面，艺术家的声望未必总是吸引消费者的卖点，至少对于成名时尚品牌来说

如此；另一方面，这或许反映了一种趋势，对那些已经开展过多次FAC项目的品牌，它们经常改变合作形式，以此来保持其合作在消费者心中的独特性和新鲜性，让他们继续对品牌的合作保持某种期待。就此而言，FAC的形式（包括艺术家的知名度考虑）会变得越发具有弹性，取决于品牌的实际情况，这是一个自然而然的结果。相对来说，对于小品牌，选择知名艺术家更有助于吸引媒体的注意力。如Teo说道，"他们（从业者）努力做得超过上一次。这意味着会出现很多创新。你会看到和知名人士的合作；但同时你也会看到另外一些情形，'你知道吗，我不想和著名人士合作，我想和优秀但没那么知名的人合作'。"

与上述专业人士充满争议的观点相比较，调研显示：消费者不太在意艺术家声望。在阿迪达斯组，这一比例是5%，而最高比例是32%；在范斯组，比例不到5%，而最高比例是25%；在路易威登组，占的比例是6%，与此相对，最高的比例是27%；在李维斯组，情况类似，5%的消费者会在意艺术家的声望，而最高比例是26%（表7-1）。这些结果显示艺术家的声望对顾客来说并非很重要的考量因素。

整体而言，本研究发现以下两点。

① 从品牌角度说，艺术家声望的重要性要视情况而定；随着越来越多品牌的加入，合作形式越发灵活而富有弹性。就此而言，艺术家的声望未必那么重要。

② 从顾客角度来说，艺术家的声望对大多数人而言并非至关重要——无论在合作之前顾客是否知道这位艺术家。作为一个概念或者身份，"艺术家"的意义更多地在于它的象征性形象。如前所讨论，艺术家所代表的诸如原创性、自由的生活方式这些属性更具有诱惑力。简言之，对品牌来说，最为紧要的是通过与某个特定群体的某人相关联来向顾客展现其真实形象。这一观点或许可以借助范斯与顾客分享其与艺术家及其他合作人合作的方式来得到验证。借助它们的官网，该品牌可以教育顾客"谁是Dave The Chimp"以及他做了什么（图9-1）。借此，它们可以向顾客传递某些信息。在某种程度上，这或许解释了何以一些不太知名的艺术家成为合作对象。

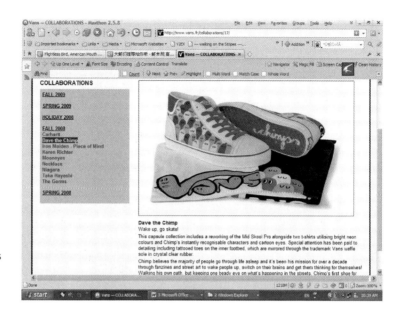

图9-1 Sneakers and T-shirts by Dave The Chimp

不过，如果艺术家的声望对顾客没有那么重要，为何很多品牌还是会选择偶像式人物来合作？对此，可以从两方面看。

首先，著名艺术家更容易吸引媒体关注。参照香港时尚杂志《Milk》的编辑I. Chan（个人交流，2008），虽然他们对合作的注意力主要集中在合作的整体效果上，但是艺术家的声誉和活动宣传仍旧是重要因素。Teo（个人交流，2009）的"上升式"观点表明小品牌与大艺术家（或者其他偶像明星）会吸引媒体。李宁品牌的前任设计总监S. Chan在谈到他为李宁策划的FAC项目时，也提出了类似观点：他们与几位国际知名艺术家（Kaws，Delta，Mr.A，James Jarvis，:phunk Studio等）的合作吸引到了中国大陆和香港众多媒体的关注，包括运动类杂志、生活方式类杂志，这些杂志的读者基本上都是以年轻人为主。

其次，与国际知名艺术家合作是提升品牌国际形象的有效途径。比如Dusty借助与安迪·沃霍尔的合作扩展其海外市场，李宁借此构建国际形象。作为地方品牌与国际知名艺术家的一种联盟，FAC可以结合品牌联合（co-branding）理论来分析[71]：当两个品牌通过品牌共建的方式联系在一起，而目标品牌（如Dusty、李宁）没有背景品牌（context brand）（如艺术家安迪·沃霍尔，Kaws）那么知名，那么目标品牌可以获得同化效果。从顾客的角度来说，它的形象会与另一方更为知名的品牌融合在一起，并获得其品牌价值。当品牌进入新市场时，这种策略尤为有效。[22]

"声望"在此其实是相对而言。与麦当娜等影视明星或流行偶像的知名度相比，无论艺术家在自己的领域多么知名，对大众而言，他/她的身份都比较小众。以安迪·沃霍尔为例，作为波普艺术的传奇人物，他在艺术界和时尚界都可谓享有盛誉。即便如此，这种声誉仍旧主要限定在波普文化相关的创意世界中。如Ma所说，在Andy Warhol系列的顾客中，只有20%～40%的人知道和艺术家相关的信息，包括图案中所蕴含的含意。对于那些来自涂鸦、漫画或其他亚文化的身份地下的人来说，情况更是如此。如果说声望或者知名度重要，那从根本上说也是源于艺术家的小众身份。或者说，是小众性成就了其在外名声。这一点，听似矛盾，实则符合逻辑。Ching相信，对于品牌来说，艺术家的灵光是因为他们的地下和小众风格的作品以及他们在年轻消费群体和时尚人士中的流行。通过与艺术家的联合，品牌可以强化或构建它们的独特性。"我觉得这不是一个人的知名度的事情，而是他们有多小众的问题。真的是有关他们喜欢的艺术家，他们想合作……他们不必很有名，不必很富有。就是他们喜欢那个艺术家，他们想合作……我觉得是因为艺术家的作品对于消费者来说很小众。或许是真的很地下。像Bathing Ape，真的地下。这就是他为什么这么热……我觉得他能给路易威登带来些什么。然后，他们集中在他们的独特性上。"（Ching，个人交流，2007）简言之，FAC是借助艺术家的地下和小众身份来吸引年轻群体。就此来说，FAC总体上属于一种小众营销策略。

作为一种商业行为，小众营销可以结合用于区别于竞争对手的小众营销（niche marketing）来理解。这种模式与成熟产业所面临的境遇相呼应：日益加剧的竞争和通货紧缩价格（price deflation）。[23]要在此环境中获得成功，用于差异化的小众营销成为不少企业的选择。小众营销属于一种由小及大（bottom-up）的营销方式，意指"经营者以满足少数消费者的需要为起点，进而逐渐扩大其顾客群"。[24]作为一种策略，小众营销在Beverland和Ewing那里被称为"低调营销方式"（low-key marketing approach），强调品牌要对核心顾客目标保持忠诚，以此吸引大众消费群。[25]

作为拥有国际声望的大家（如安迪·沃霍尔、Robert Williams），艺术家拥有一票熟知他们活动的忠实粉丝。举例来说，日本街头艺术家Usugrow得到了很多来自地下硬核和金属音乐、滑板、嘻哈等世界的中坚力量的支持。[26]在这样的小众社群中，艺术家作为崇拜者的榜样典范存在。类似地，涂鸦艺术家Kaws（个人交流，2008年10月21日）在访谈中说到了他的粉丝对他的项目是如何熟知以及艺术家本人的期望，"很多次，购买我的作品的人（对我的东西）都很了解，但是我希望可以吸引到那些只是因为觉得有意思而购物的群体。或许以后他们会知道那些作品是由谁创作的"。如此，通过与某种艺术体裁的偶像合作，品牌有望抓住这类消费群体——同时也不会失去那些主要追求时尚的群体（Ma，个人交流，2007）。

这种哲学理念与Palladini提出的滴下式路线颇为一致。也即，尽管悉知品牌FAC项目信息的顾客只是限于一个小圈子，但是这些人往往都是潮流的引领者或早期采纳者，是追随者的榜样，他们往往决定了品牌是否能在广大消费者心中成为"酷"的代名词。[25,27]故此，品牌必须要满足该群体的价值诉求，而这意味着它们要提供含有恰当信息的FAC，并且要选择"对"的艺术家合作者。

在具体的策略执行过程中还可以参照第六章消费者对FAC的认知展开。除了重视视觉层面的因素，也要考虑非视觉层面：艺术家的经历以及艺术思想等因素仍然得到较高关注度——尤其值得注意的是，在所考察的几个因素中，艺术家的意识观念（思想）位列第二，而这几方面与影响真实灵光构建的精神权威（moral authority）可以说是密切相关。

三、身份、原住地

虽然一些受访者认为艺术家的原住地是哪里并不是一个重要考虑因素，但是艺术家的族源或者说身份确实有其实际价值。按照Tam（个人交流，2009）的观点，村上隆当年之所以能够成为路易威登的合作者不只是因为他的设计对女孩子和年轻人具有吸引力，还因为日本在卡通领域的强势地位。Thomas则从另一个角度对此发表了观点，她认为路易威登邀请村上隆合作的原因在于该合作系列主要以日本市场为目标，而村上隆在日本国内非常知名，更有日本的安迪·沃霍尔之称。

在此语境下，艺术家族源的重要性或许在于其象征性，也即，艺术家的族源是其真实性的构成部分或者说佐证，尤其是这种族源对其性格和生活经历有影响的话。这意味着，艺术家的身份在很大程度上成为其创造力和真实性的有力注解，从而和他的艺术作品的形态特色一样重要；他们的传记叙事可以将意义附加于物质层面，因此在其价值评估方面发挥着基础性作用。Fine以自学成才的艺术家作为例子对此进行了分析。这里是一位名叫Clyde Angel的艺术家的个人档案的描述："Clyde Angel（1957年生）出生于艾奥瓦州Beaver Island。是一位'公路流浪者'，会用他在路上捡到的废金属，常常是些锡罐和生锈的汽车部件进行艺术创作。他是一个生活在艾奥瓦州某处的隐士，不想认识人，或者和社会有来往。Angel说人们可以通过他的作品以及有其作品介绍的文章认识他。他从一名焊接工/锅炉工那里学到了基本的焊接技术。这个人后来成了Angel的朋友，并允许他使用自己的工具。他以二维和三维的方式创作虚构出来的男人、女人以及动物。"在Fine看来，这类传记叙事对其作品价位的提升起到了至关重要的作用。[28]

此外，这种考虑在实际运作方面也有其价值。S. Chan所策划的合作系列就说明了这一点。2007年，S. Chan和香港本土艺术家合作推出他在李宁品牌的首个FAC系列"Sport as art"。在解释为何他为李宁品牌策划的首个FAC系列邀请了香港艺术家时，他说到（在预算有限的前提下）除了因为香港风格对内地的影响之外，还因为他可以更好地掌控合作的过程。

四、时尚认知

艺术家作为临时的合作设计师，其时尚敏感度或者说时尚品味被认为是有必要的，因为这关系到潮流产品设计。如果艺术家在合作中介入得比较深，比如不只是提供图案设计，海报材料的选择乃至产品风格样式的设计，这种能力就显得尤为重要。按照Teo的看法，艺术家的时尚品位对打造成功的合作至关重要。"合作涉及两个世界的结合,时尚界和其他领域。可以是图案世界,可以是建筑界,可以是产品设计领域,可以是明星世界,可以是鞋靴世界……每一方都要展示它的能力,展示它所属世界的观念视角。所以,如果双方开展合作,但却彼此不了解,那不会是一次好的合作。"阿迪达斯在香港市场的运作表明它们很看重合作者与时尚界的关联性(Tam,个人交流,2009)。

五、有机关联

有机关联能够让品牌与真实性自然相关,使两者的结合顺理成章。[28~31]本书所涉及的品牌有一个共同的倾向:FAC实践者喜欢通过自然而有机的关联方式来描述他们的合作,展示其合理性;通过将艺术与品牌历史的关联而将艺术归为他们的文化遗产之中。在所考察的案例之中,绝大多数品牌都强调在品牌和它们的艺术家合作者之间存在一种个人关系。举例来说,Palladini在解释他们与艺术家合作的原因以及选择艺术家的原则时说道:"唯一的原则是与我们的品牌和意识形态之间存在一种天然有机的联系。""他/她和我们的竞争对手没有多少关联。"

类似地,李维斯在谈到它们与安迪·沃霍尔的合作时说:"沃霍尔经常穿李维斯服装,而且1984年,还为公司的501Blues and campaign创作了作品。"[32]对于品牌与艺术家Damien Hirst的合作(2008、2009),李维斯时任设计师Nyman解释了促成这一项目的来由:"我接到了一封来自沃霍尔作品收藏者Damien Hirst的邮件,Damien到过纽约Barneys精品店,看了2006秋冬系列,在买过几件设计之后,想买下整个产品系列。"[33]随后,设计师问Damien是否愿意与李维斯合作——Hirst系列由此问世。在此意义上,这次的合作主要是基于一种情感性和偶然性的理由。这也反映出FAC的偶发性特征。其好处在于,在某种程度上冲淡了其商业意味,即使他们的合作必须要建立在李维斯公司的认可基础之上。李维斯表明FAC当是"有因而来",这也是它们选择艺术家的准则。因为这个理由正是合作的意义所在,正是这个原因让FAC产品与其竞争对手得以区分开来。"使艺术合作项目有意义的唯一方式就是理由恰当。在这个案例中，安迪·沃霍尔的一生都在穿李维斯，双方的合作也因此合乎情理，因为两者之间存在一种真实的关联。Hirst被很多人视作下一个沃霍尔，所以在这个案例中，将Hirst和沃霍尔并置在一起也是自然而然。你需要真正的关联（Nyman，个人交流，2009）。"

六、现实条件

虽然很多因素可以用来作为发起FAC项目的参考，哪些最终会被用来考虑，主要取决于品牌的预算、时间和环境（这里所说环境指与国际声誉等性质相关的范畴）。

S. Chan认为，每个案例的不同在很大程度上是由于这些方面的不同（比如中国、欧洲、美国、日本等国家的市场差异）。他花费了一年的时间来准备他们的FAC项目（Say No to Limits），仍然觉得时间太匆忙（阿迪达斯的每个项目都会提前两年来准备）。因为李宁公司的国际知名度稍逊，邀请国际知名艺术家合作相对困难。而预算的限定使得他们在此方面面临的困难进一步加大。但是，Nyman谈到他为李维斯策划的FAC项目只用了4～6个月。不难想象，这种差别主要在于两个品牌在时尚界的知名度，知名度在很大程度上决定了它们对项目的掌控力。就此来说，这一问题尤其值得影响力较弱的小品牌考虑：一方面，掌控项目的能力是联盟成功与否的关键因素[34]；另一方面，当小品牌"向上"与知名艺术家合作时（如同李宁与Kaws这样的艺术家合作），艺术家有可能不会那么配合，在履行自己的职责方面差强人意。

此外，需要提醒的一点是：虽然本书相信在品牌开展类似合作时可以结合以上因素进行策划，但并非说FAC一定要包括以上所有因素。如上所述，这种合作的特征就是灵活有弹性。因此，并非上面讨论的所有因素都要涵盖在一个FAC活动中；相反，要结合自身实际条件来设计。比如说，虽然范斯、李维斯、阿迪达斯倾向于强调它们与合作者之间的有机联系，但路易威登与村上隆的合作却没有强调其个人之间的联系。当Marc Jacobs被问到为何他与村上隆合作时，似乎他更愿意以一种轻松、自然的方式来描述他们的合作。他说：他在一次拍卖会上看见了这位艺术家的作品，并写了一篇关于村上隆的文章。后来，他让他的助手去联系这位艺术家。接着，他们开始通过邮件联系，并开始了他们的合作。[35]尽管Jacobs没有明确讲述村上隆及其作品的哪些特点吸引了他并促使他要与其开展跨界设计，但是他的谈话显示他希望这次跨界展现出一种非商业性的、纯粹的形象。此外，李宁的经历表明，对于那些知名度较低的企业，尤其有必要与艺术家合作者以及代理机构签订清楚的合作协议，以保证合作的效率和质量，避免可能的含混不清。

第三节
合作的时间框架

品牌联盟包括长期和短期两种形式。所需要的时间长度对策略的成功执行具有决定性影响。对于品牌转型的情况来说，更是如此。[36]结合这一观点，本研究专门考察了FAC的时间框架问题。

一、短期合作

通过考察2000年1月至2009年1月之间的FAC案例，本研究发现绝大多数FAC实践者（94%）采用了短期合作的形式。对于这一事实，可以结合短期合作的优势来分析。这种短期合作不仅可以借助联盟伙伴汇集到资源和技术[37]，增加利润率，扩大当前市场[38]，而且还能利用合作设计的稀缺性强化样式的新鲜感，以此与其他相似品牌相区分。这点在与阿迪达斯香港的产品经理Tam和李维斯时任设计师Nyman交流时得到了印证。他们相信一次性合作有助于保持新鲜感和顾客的期望。而且，它还可以作为一种实验，减少与艺术家合作的风险．如果合作成功，品牌可以选择继续合作，包括与同一位艺术家开展第二轮合作，或者与其他艺术家开展新的合作；如果合作不尽如人意，他们可以终止合作，损失也可以尽可能减少。这点在路易威登与村上隆的合作中可以看到（4次），锐步与ST/Art（2次），阿迪达斯与Fafi（2次）以及Cey Adams（2次），Married to the Mob与Kaws（2次），DC与SSUR（2次）。事实上，一次性合作模式被视为最佳选择，因其在彰显品牌独特性和弹性方面的优势，可以满足品牌的不同目的。

与此同时，在一些情况下，短期合作的推出是基于艺术家的意愿。这种情况更可能出现在小型企业与大牌艺术家之间的合作中。比如，在李宁品牌的合作中，Kaws起初拒绝参与此次合作，因为他并不了解这个品牌，担心与李宁的合作会破坏他的声誉；而且品牌的预算也比较有限（S. Chan，个人交流，2009）。在此情况下，要和艺术家建立长期合作几乎不可能。

（一）偶发性短期合作

不太经常的短期合作对于像H&M这样的品牌来说有什么意义？短期合作是一种帮助零售商展现其产品与众不同的方式。[39]然而，很难说松散的临时性合作可以提升品牌的艺术属性，即使在广义上说它可能有助于更新品牌形象。为品牌赋予一种特殊价值是一项长期工程，而且，只有通过大量资金和精力的投入才能实现。[40,41]就此来说，或许可以将FAC理解为品牌积极适应变化、追赶潮流趋势的一种表现[42]；合作设计作为潮流产品可为品牌营造新鲜感，而非更新品牌形象的策略性调整。

（二）频发性短期合作

在所研究的案例中，高频率的短期合作很受欢迎。在此模式基础上，一些品牌甚至还设立了一条艺术家版产品线［比如匡威的IHUND（RED）Artist project，DC的艺术家项目，盖璞的Artist Editions T恤，Agnes b.的"t-shirt d'artiste"系列］。可能的原因在于：

① 这种形式不仅具备短期产品合作的优点，比如为顾客提供新鲜感、独特性，而且还展现了品牌对艺术文化的强烈认同，为品牌与艺术家构建联名身份打下了基础；

② 大规模、长期合作需要大量的精力和资金投入，以及审慎的管理，高频率的短期合作则在一定程度上可以降低这种风险。

二、长期合作关系

与频繁性的一次合作相似,这种模式主要用于建立特定形象,或者用做品牌转型的一种策略。在涉及品牌定位或转型时,FAC可以开展更加长期一些的合作。"时间长些的转型期似乎比短期的要更好一些。品牌需要时间来消除顾客可能会遇到的模糊困惑。"[36]在FAC案例中,香港品牌Dusty是与艺术家建立长期合作的品牌之一。它与安迪·沃霍尔建立了合作关系。在品牌的精心策划之下,合作的结果比较圆满,尤其是在国外市场的发展方面。"这种合作可以在发展国外市场方面帮到我们。我们在国外市场有产品销售。在东南亚,情况没那么复杂,因为离中国香港很近。中国台湾、新加坡这些地方多多少少也知道我们的产品。但是在国外,情况就不同了,那是完全不同的世界。如果我们和沃霍尔合作,就像这个项目,多少会更容易进入那个市场。""总而言之,你或许不了解我们的历史,现在我告诉你:我们和沃霍尔开展了合作。这样多少会有些帮助的。这是(合作的)价值所在(Ma,个人交流,2007)。"Dusty的实践揭示出小型企业与国际知名艺术家联盟的价值所在:可以在知名度较低的品牌与国外市场之间搭建一座桥梁,提升品牌在国际范围的形象。另一个例子是李维斯。该品牌与安迪·沃霍尔建立了长期而规律的合作关系,以此来强化品牌与流行文化艺术之间的关系。虽然如此,与一次性合作相比,长期合作可能要承担更高的风险,投入的精力和财力也会更多。

小结

品牌艺术化的路线多种多样,呈现出"块茎化"的特征。所谓块茎化,指的是在扁平化时代,品牌可以从多个角度介入与艺术的合作,而且品牌类型也具有很大弹性,参与到这一潮流中的艺术家也有着多种不同的背景和身份。这在街头品牌与艺术家的合作中最为突出。

从产生的化学反应效果而言,滴升式和滴入式两种比较有代表性。Teo认为,升级式(小品牌和著名艺术家/明星组合)或者降级式(大品牌和低知名度艺术家）是吸引注意力、制造噱头的有效方式。关键是"你要和谁合作，谁是升级，或者谁是降级。"H&M 和 Karl Lagerfeld 的合作即是这样的案例。"在 H&M 这样的世界，H&M 是向上够 Karl Lagerfeld，而 Karl 就必须'下嫁'H&M。这就是所有焦点所在。比如路易威登屈就与 Pharrell Williams 合作……不过也可以是一个小品牌'高攀'大艺术家，或者其他重量级合作方。所以，如果李宁以后和罗杰·费德勒合作，那就成新闻了。"（Teo，个人交流，2009）

笔者认为，尽管艺术在视觉表现方面具有独创性优势，然而艺术的核心价值在于象征层面或者说非物质层面。这意味着，我们不能将艺术简单等同于图案设计，除了视觉层面还需要有意识地开展深层次合作。无论是哪种路线，在合作目标上，都不应该仅仅停留在形式层面，而是开展深度合作，以突出艺术的核心价值，也即创意、真实与意义，或者说，强化品牌在"影响力"方面的真实性。

这种立场也符合转变经济（transformation economy）的发展趋势和消费趋势。随着体验经济的进一步发展，会进入转变经济时期。在这一阶段，意义是营销的重点。就真实理念来说，这个阶段更强调"诉诸影响力的真实（influential authenticity）"，即消费者通过消费可以积极改变自身。[43]在这个层面上说，满足个人愿望和自我实现的终极目标、挖掘人的最大潜能变成重要的消费需求。而艺术在此会发挥它的功用，成为个人用来实现自我转变、延展追求的途径。[3]从笔者所考察的品牌来看，这种导向比较突出，尤其是那些遵循策略性真实营销路线的品牌向消费者传递坚持梦想、拒绝墨守成规、实现自我价值的观念，扮演着帮助消费者实现转变、让自己变得更好的积极角色。

参考文献

[1] Holt D B. How brands become icons: The principles of branding [M]. Boston: Harvard Business School Press, 2003: 115.

[2] 阿苏利. 审美资本主义: 品味的工业化[M]. 黄琰, 译. 上海: 华东师范大学出版社, 2013: 166.

[3] Gilmore J, Pine J. Using art to render authenticity in business [M].//In Beyond experience: culture, consumer & brand, UK: Arts & Business, 2009.

[4] Brown S, Kozinets R V, Sherry J F. Teaching old brands new tricks: Retro branding and the revival of brand meaning [J]. Journal of Marketing, 2003, 67(3): 29.

[5] Jantzen C, Fitchett J, Østergaard P, et al. Just for fun? The emotional regime of experiential consumption [J]. Marketing Theory, 2012: 8.

[6] Dave Hickey 引自 Stallabrass J. Art incorporated: the story of contempory art [M]. Oxford: Oxford University Press, 2004: 169.

[7] Pooler R. The Boundaries of Modern Art [M]. New York: Arena Books, 2013: 112.

[8] Holt D B. How consumers consume: a typology of consumption practices [J]. Journal of Consumer Research, 1995, 22(1): 1-16.

[9] Hollenbeck C R, Peters C, Zinkhan G M. Retail Spectacles and Brand Meaning: Insights from a Brand Museum Case Study [J]. Journal of Retailing, 2008, 84(3): 334-353.

[10] Lenton A P, Bruder M, Slabu L, et al. How Does "Being Real" Feel? The Experience of State Authenticity [J]. Journal of Personality, 2013, 81(3): 276-289.

[11] Van Der Bergh J, Behrer M. How cool brands stay hot [M]. London: Koganpage, 2013: 209.

[12] Schroeder J E. The artist in brand culture [M].// O'Reilly D, Kerrigan F, et al. Marketing the Arts: A fresh approach. London: Routledge, 2010: 28.

[13] Schroeder J E, Salzer-Morling M. Brand culture [M]. London: Routledge, 2006.

[14] Schroeder J E. The cultural codes of branding [J]. Marketing theory, 2009, 9: 123-126.

[15] Broder C J. Hip hop and identity politics in Japanese popular culture [J]. Asia Pacific, 2006, 9: 39-43.

[16] Intercity. Art & Sole: Contemporary Sneaker Art & Design [M]. London: Laurence King Publishing, 2008.

[17] Pomerantz S, Currie D H, Kelly D M. Sk8er girls: Skateboarders, girlhood and feminism in motion [J]. Women's Studies International Forum, 2004, 27: 547-557.

[18] Hsu S H, Chuang M C, Chang C C. A semantic differential study of designers' and users' product form perception [J]. International Journal of Industrial Ergonomics, 2000, 25(4): 375-381.

[19] Seno D, Lukas B A. The equity effect of product endorsement by celebrities A

[19] conceptual framework from a co-branding perspective [J]. European Journal of Marketing, 2007, 41(1/2): 121-134.

[20] Hata K. Louis Vuitton Japan: The building of luxury [M]. New York: Assouline, 2004.

[21] Abratt R, Motlana P. Managing co-branding strategies: Global brands into local markets [J]. Business Horizons, 2002, 45(5): 43-50.

[22] Rao A R, Ruekert R W. Brand alliances as signals of product [J]. Quality Sloan Management Review, 1994, 36(1): 87-97.

[23] Porter M. Clusters and the new economies of competition [J]. Harvard Business Review, 1998, 76(6): 77-90.

[24] Shani D, Chalasani S. Exploiting niches using relationship marketing [J]. The Journal of Services Marketing, 1992, 6(4): 44-45.

[25] Beverland M, Ewing M. Slowing the adoption and diffusion process to enhance brand repositioning: The consumer driven repositioning of Dunlop Volley [J]. Business Horizons, 2005, 48(5): 385-391.

[26] http://www.usugrow.com/bio/bio.html.

[27] Beaudoin P, Lachance M J, Robitaille J. Fashion innovativeness, fashion diffusion and brand sensitivity among adolescents [J]. Journal of Fashion Marketing and Management, 2003, 7(1): 23-30.

[28] Fine G A. Crafting authenticity: The validation of identity in self-taught art [J]. Theory and Society, 2003, 32(2): 153-180.

[29] Beverland M B. Crafting brand authenticity: The case of luxury wines [J]. Journal of Management Studies, 2005, 42(5): 1003-1029.

[30] Botterill J. Cowboys, outlaws and artists: The rhetoric of authenticity and contemporary jeans and sneaker advertisements [J]. Journal of Consumer Culture, 2007, 7(1): 105-125.

[31] Postrel V. The substance of style: How the rise of aesthetic value is remaking commerce, culture & consciousness [M]. New York: HarperCollins Publishers, 2003.

[32] WGSN. New Warhol-linked Levi's line debuts at Magic[EB/OL]. [2008-6-10]. http://www.wgsn.com/members/news/dailynews/200508/30/180_2005aug30.

[33] Job H. Warhol Factory × Levi's × Damien Hirst: spring 2008. [EB/OL]. [2008-6-10]. http://www.wgsn.com/members/trends-info/fast-track/features/ti2007sep25_081795.

[34] Pansiri J. The influence of managers' characteristics and perceptions in strategic alliance practice [J]. Management Decision, 2005, 43(9): 1097-1113.

[35] ATV World Channel, 2007.

[36] Abratt R, Motlana P. Managing co-branding strategies: Global brands into local

markets [J]. Business Horizons, 2002, 45(5): 43-50.

[37] Rodrigue C S, Biswas A. Brand alliance dependency and exclusivity: An empirical investigation [J]. Journal of Product & Brand Management, 2004, 13(7): 477-487.

[38] Erevelles S, Stevenson T H, Srinivasan S, et al. An analysis of B2B ingredient co-branding relationships [J]. Industrial Marketing Management, 2007, 7: 2.

[39] Kumar N, Steenkamp J E M. Brand versus brand. International Commerce Review [J]. ECR journal. 2007, 7(1): 46-53.

[40] Lee D, Ganesh G, Effects of partitioned country image in the context of brand image and familiarity [J]. International Marketing Review, 1999, 16 (1): 18-39.

[41] Meenaghan 引自 Shani D, Sandler D M. Ambush marketing: is confusion to blame for the flickering of the flame?[J]. Psychology & Marketing, 1998, 15(4): 367-383.

[42] Wilcox D L, Cameron G T. Public relations: strategies and tactics [M]. Boston: Allyn & Bacon, 2006.

[43] 吉尔摩, 派恩二世. 真实经济: 消费者真正渴望的是什么[M]. 陈劲, 译. 北京: 中信出版社, 2010: 80.

真 实 乌 托 邦

21世纪的服装品牌与艺术

第十章

品牌艺术化发展的未来展望

"我们是谁？……我们日常忙碌生活中的自我并不是完全真正的自我。在生活的追求中我们已经丧失一些东西……我们往往在生活的追求中忘记了真正的自我，正如庄子在一个美妙的譬喻里所讲的那只鸟一样，为了要吃一只螳螂而忘记自身的危险，而那只螳螂又为了要捕捉一只蝉也忘了自身的危险。"

——林语堂[1]

对于真实的渴求，在不同的文化中都有需求，在商业社会中更是如此，也因此带来无限商机。不只是产品的真实，虚拟、无形的体验也可以被贩卖。梭罗认为真实性的珍贵之处在于它的不可售卖性，"这些野果所具有的价值，并不是单纯地用来占有，或者是吃掉，同样也可以用来观看和享受"。"伟大的真实性便是，你不可以将极好的水果或其中的一部分进行商业化，换句话说，也就是你无法购买它们的最高使用和享受价值，你无法购买到亲手采摘它的人的经历和乐趣，甚至于，你也购买不了一个好的胃口。"[2]这位生活在19世纪的超验主义代表不会想到，在趋向非物质型消费的今天，"经历""体验"也可以贩卖，甚至成为核心卖点——真实性从很多层面都被商业化。

一、和解：服装与艺术——商业与态度

对于体验社会语境下服装与艺术关系的走势，或许可以这样概括：基于对享乐主义生活的追求以及个体意识的普遍觉醒，服装与艺术以"创意"的名义走到了一起；进而，这种融合从作为一种有关审美和态度的表达方式，逐渐演变成一种普泛化的商业模式（图10-1）。这种情况一方面反映了当今

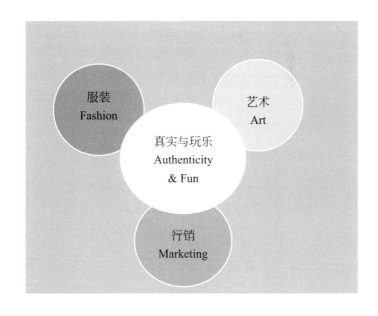

图10-1 体验经济时代，服装、艺术与营销三个领域以（享乐型）真实为纽带的融合

社会群体——尤其是年轻人——的生活方式、情感诉求，对于满足个人愿望和自我实现的追求；另一方面，也反映了经济的新特点，即商业与态度在某种程度上达成了"和解"。创意不再忌讳谈商业。"曾经被忽视的商务性常常是创意身份被人忽略的一面，唯有会计师盯着他们的收入；如今商务性的一面被视为创意活动不可分割的一部分，而且被积极地融入了艺术的身份。"参照博奈特-威瑟的融合文化理论看[3]，服装与艺术的结合可以说是在创意层面上实现了商业性与真实性的某种融合。

这种情景下的经营者或者可称之为波西米亚企业家。"波希米亚是一个现代社会中艺术的文化神话，追求的是艺术与工业资本主义之间的调和，在消费社会里为艺术寻求新的位置。"[4]这一神话是作为一个假想的解决之道来面对现实社会中无法解决的问题。"神话是一种意识形态的表达，掩盖了矛盾冲突的破裂，因为这冲突尚未解决，也不可能解决，所以不得不用神话掩饰和隐藏。波希米亚神话就是为工业化的西方社会中艺术面临的困难寻找一种假想的解决办法。这个神话意在解决艺术与商业和消费社会之间既融合又排斥的关系，并调解艺术需求在经济上的不确定性与艺术家的天才和优越性观念这两者的关系。"[5]

二、无界无阶：融合的扁平化

本书中的受访者对FAC的评论显示出他们将大众品牌和高端品牌放在同一个评价平台上：它们被用于塑造潮流、创新和新鲜感（Tam，个人交流，2009）；或者如同Thomas（个人交流，2008）所认为的，对品牌而言，FAC是一种纯粹的资本发掘。如此，本研究指出FAC已经进入一个民主合作的阶段——或许正是因为这种民主特征让Teo认为，不再有规则。这种扁平化风景的魅力在于"高低"对比（如街头与奢侈品的碰撞），会带来一种有趣的结果，可以产生更多的充满活力的能量。从侧面看，这种情形反映了当今社会已经普遍进入"消费设计而不只是产品"的情感时代。在某种程度上，这是"设计爆炸"的一个特征。[6]"在生产中，设计因素在商品价值构成中发挥的角色越来越重要。劳动过程在附加值贡献中的重要性正在降低，而'设计过程'则日益成为中心所在。"[7]

需要说明的是，本书将FAC界定为扁平性艺术合作是从宏观视角而言。在实际运作中，每家企业都有其自身特色。在此意义上，FAC是由无数个在操作上具有各自特性的品牌组成。此外，就I. Chan的评论来说，在大众市场和奢侈品市场之间存在迥然不同的规则：前者只需要借助FAC来制造噱头以此盈利；而对后者，这种合作是一种更为复杂的活动，因为它们不仅需要盈利，也必须满足一定程度的艺术要求，如此人们才不会将其简单理解为产品，而是从艺术品角度待之。

基于FAC作为商品以及消遣娱乐方式而流行的现状，这种民主化的景象似乎稀释了FAC的文化意义。又或者说，伴随着品牌对艺术家的才华和品行所进行的商业化开发，文化大举融入商业领域。这种情况之下，不能以挤入高雅文化体系来"归约式"地解读品牌的这种举动，包括路易威登等品牌在不停地举办各种各样的展览和合作来深化其与当代艺术的关系。

虽然市场上的艺术合作趋于常态，但是根据时尚专家和FAC实践者的观点以及消费者的反馈来看，品牌艺术化现象的热度并不会因此消退。在未来很长一段时间，它会继续其无两风头。对此，我们可以从以下几方面来理解：艺术的持续生活化；艺术与青年人之间日益紧密的联系；品牌对该策略的追捧和认同；顾客对于FAC潮流的积极态度。

"我相信当代艺术会渗入大众的头脑中"，Marc Jacobs如此说道。[8]类似地，Yau，Palladini及I.Chan这三位受访的业内人士的观点从不同角度肯定了艺术与年轻人之间日益紧密而有力的联系。艺术与大众之间日益密切的关联使得艺术成为时尚的"首选毒药"（Price，个人交流，2009）。Teo相信合作会促使品牌走向共赢，并注意到这种跨界现象正在变得越发盛行，"我们原以为这股潮流已经走到尽头，然而结果我们却看到越来越多的人参与其中，并且做得越来越好"。按照Palladini、Yau和Ma这三位FAC潮流的践行者的观点，之所以会如此，原因在于：品牌与合作艺术家之间存在着天然的有机联系，而非"为了合作而合作"（范斯）；"每位艺术家都有其独特风格，由此能够与品牌实现协同创新"（Agnes b.）。就此而言，合作会对顾客一直保持着新鲜而有趣的吸引力。Ma认为，虽然今天的合作景观正在变得越来越商业化，但是它仍然没有"完全过时"，但是成功的关键点在于艺术家的声望。

　　这些观点在本研究中也得到了进一步支持：自2005年以来，一些品牌（如李维斯，范斯和阿迪达斯）对FAC的热情似乎日益高涨，合作频率越来越高。同时，调研显示，顾客对艺术合作表现出类似的积极态度（他们因为路易威登，阿迪达斯，范斯及李维斯四个品牌的FAC而对其所给予的积极态度，以及对品牌新合作的期待）。他们相信FAC提高了时尚的艺术属性和创新性，并为FAC设计所吸引。可以说，时尚业内人士的观点和实践与顾客的需求保持了一致性。这些研究发现表明FAC在顾客心里仍然有其独到魅力，即使今天开展这样的合作已不新鲜；FAC形式趋向于越来越灵活；有机联系和艺术家的声望在合作中可能会扮演越来越重要的角色。

　　简言之，如今，时尚与艺术的融合与时尚品牌的其他合作形式遥相呼应，已经演变为一种稳定的商业模式而非只是昙花一现。如同阿迪达斯所发起的"创造者集结"，越来越多的品牌机构意识到把不同领域的创意人才聚集在一起所可以带来的爆发力。将艺术引入商业，与不同领域进行跨界融合的商业机构也应运而生。譬如ComplexCon——一家致力于各个领域的创意人士与品牌合作的平台，它们策划的活动和展览将流行文化、音乐、艺术、饮食、运动、创新和教育融合在一起。[9]BAC是一家致力于文化跨界传播、链接艺术、设计、文化活动及品牌的相关机构。"我们与顶级艺术家合作，为艺术家服务，共同探索其艺术及商业潜能，链接商业机构进行跨界合作，务求通过增加商业触角以推广艺术家。对于品牌，我们通过将艺术、设计与文化，与品牌理念、愿景以及品牌活动结合，为机构与品牌打造传播点，增加表达个性的机会。"[10]

三、艺术，"快乐的栖息地"

　　无论是从微观看个体品牌与艺术的融合，还是从宏观看创意园区乃至城市建设，艺术在其中所扮演的角色越来越重要。这在今天是一个无可争辩的事实。"In art we live"，艺术已经全面介入生活，成为全民艺术。在普遍渴求"真实性"的当下,不只是越来越多的奢侈品品牌开始从高调张扬的传统认知转而追求内敛低调的品牌形象,情感、道德和去商业化等无形价值正在赢得越来越多的企业商家的青睐。一句"文化资本的积累"或者说提升文化地位,远不能概括人们现下的需求,也难以充分反映品牌的雄心和抱负。

艺术不仅是快乐的栖息地,而且容纳着不同层次的快乐。这使得艺术可以在不同层次上满足人的需求:从注重外观、触感的本能愉悦,到寻求自我认同、声望等更高级的感觉、情绪及知觉的反思愉悦。[11]各种芜杂的情绪在艺术中似乎都能找到发泄的出口。艺术俨然一副万能贴,让人可以暂时缓解疼痛、不适、不安、不满,在新奇愉悦的体验中暂时摆脱单调、重复、乏味、压力,同时也不乏指路明灯的作用,让人在审美体验中有所感悟,获得种种深深浅浅的快乐。这对于当下的我们来说,似乎尤为具有吸引力。

"短暂性指数"急剧上升的当下,社会越来越分化,与丰裕社会的繁荣景观相伴随的是躁动、无序与焦虑。"在多样性、短暂性及新奇性相汇之际,……我们正在创造一个短暂、陌生而复杂的环境。""正当我们获得生活上最大自由的同时,也是我们最迷失的时期。"[12]我们感觉到焦虑、窘困和孤独,而艺术似乎是缓解焦虑的一味良药。这或许解释了为何进入21世纪以来"审美手段成为消费的主要兴奋剂"。在弗洛伊德看来,审美消费来源于艺术作品与美的麻醉作用。审美生产是一种不得已的手段,是某种用于短暂逃离现实、减轻自身负担的麻醉剂。艺术家是其中的中介,艺术作品通过艺术家将愉悦感赋予它的目标对象,即"不是创造者的那种人"。审美喜好并非是愉悦感和"生活安慰"的全部来源,而是创造一种"温和的麻醉剂",使得观众短暂脱离"生活的需要",却又不"足够强劲到能使人忘却现实的悲惨。""审美愉悦具有与酒精和麻醉剂一样的令人陶醉的效果,它生产一种兴奋剂,一种暂时遮蔽现实生活的幻觉,如此才能承受现实生活之痛。"[13]艺术的融入将美感、乐趣和愉悦统合在一起,带来快乐的感觉。

其实细究的话,审美消费的加速发展在20世纪80年代就伴随着品牌的发展而开始了。"20世纪80年代,这一建立在与审美欲望相关的经济利益基础上的运动加速发展,这一次的发展相比于产品,更在于品牌……品牌是非物质财富,……品牌形象的开发被提升为承载消费的快车。产品逐渐成为品牌主观体验的简单载体。"其结果是审美消费被推到消费的首列地位，一切功用性特点都被剥去，以使消费繁荣兴旺，保证由消费所支撑的社会的发展。[13]

四、艺术化的未来：迈向何方

19世纪末的唯美纨绔子奥斯卡·王尔德曾如此说道："人要么成为一件艺术品，要么穿上一件艺术品"。生活是最伟大的艺术，为艺术而生活，赋予生活以艺术的品质，让人本身成为一件艺术品。21世纪是审美消费时代，换一个角度看便是唯美主义时代。王尔德将生活过成艺术的愿景正在成真：在这个感性而细腻、精致又怀旧、终日匆忙的时代，我们用艺术咀嚼世界，在艺术中放纵欲望，又审视欲望；欣然沉醉在感受至上的审美梦境中，远离现实，又从中俯视人间。在这方审美的幻境中，我们寻找着真实的自己，感受着真实的存在——尽管这种真实感往往只是一瞬间。

可以说，在品牌时代，艺术凭借其独特性、创新性、故事性等优势迎来了其黄金岁月。面对审美经济马力全开的现实，或许我们有必要思考一个问题：应该如何挖掘艺术这个能够激发真实性的宝藏？或者换一种表述，作为强调精神层面、虚拟世界的艺术似乎可以无限度地刺激欲望，站在可持续发展角度，企业需要思考如何运用这种力量：是以艺术之名，刺激消费欲望，将大众培养成为宙斯之子坦塔罗斯（Tantalus）——永远任性地追逐欲望，却无法达到餍足的时刻，以实现利益最大化？抑或是带有责任感地善用艺术，借其力量引导更有意义的消费行为？

本书主要对现下的跨界风貌、策略特征及其内在动因等问题进行了分析，在结尾处希望作为一个延伸讨论这样几个问题：品牌在挖掘艺术的价值的过程中，是否应该避免经济本位主义？除了娱乐消遣功用，艺术的引导力量应在多大程度上加以发挥？尽管说艺术化是促进消费、建设品牌的利器，但什么样的导向更值得鼓励？商家企业在为大众营造一个审美的世界、提供某种真实感受之余，是否还应努力包含某些正念、善念？这种正念或者有关生态环境，或者有关个体幸福——两者其实息息相关，而不是一味地鼓励享乐、愉悦。

品牌与艺术的融合无可厚非，这不仅仅是因为我们所生活的世界本身就是一个融合的世界，还因为艺术能够从不同层次不同维度给人带来快乐。对于人类而言，生命的愉悦不只源于生理需求的满足，更在于精神、情感层面的满足。这点在当今社会表现得尤其突出：包括服装在内的物品比以往任何时候都更看重其意义及象征价值。[14] 由此来说，服装与文化、艺术、创意领域的交融不只是文化资本的积累，也是意义的强化、升华。同时这也意味着精神需求、欲望的无止境开发。

如果联系品牌的价值来看，可能有助于进一步理解品牌艺术化：相由心生，而"心"是主观的，变化的，亦是无限的。品牌化亦可看作是此观念的体现。如果具体的产品代表的是可触摸的现实，那么品牌代表的便是想象，有画面有故事的想象世界。想象的威力是无穷的，不仅支配着我们个体的行动，更支配着社会、国家，甚至整个人类的活动。"无论是现代国家、中世纪的教堂、古老的城市，或者古老的部落，任何大规模人类合作的根基，都在于某种只存在于集体想象中的虚构故事。"[15] 这种情况对于商业领域同样适用：品牌所建造的神话蕴藏着巨大能量，可以激发人无限的欲望。品牌通过艺术化更可以从感官表象和深层反思两方面引领人进入品牌故事之中——艺术化在某些时候就是在营造幻境，尽可能地激发人的欲望（图10-2）。换言之，欲望便是商机。正是在这个意义上，笔者提出上述问题，即品牌艺术化的方向应该朝向哪里？商家一方当如何面对欲望？是应该不遗余力地开

图10-2 时装设计师J.W.安德森所策划的展览：不听话的身体

发,还是有所选择地引导?经营者的目标应该是什么?要讨论这个问题或许应该联系营销的意义来看。

"营销的主要价值并不在于为个人谋取利益。在更重要的层面上,它是用于完成责无旁贷的社会目标的经济手段。"[16]研究不断地揭示对自身利益的追求和这种过程所带来的过多的物质财富,既不能保证职业上的自我实现,也不能保证终极幸福的获得。如果营销者的热情只是出于赚取更多的金钱(为自己或投资者),是无法实现真实营销的。营销概念意味着将充满热忱地追求他人(消费者、股东)的利益作为实现目标的一种途径。这需要恪守寻求改善生活的方法的承诺。如果经营者能有效地满足消费者的需要而且避免强迫性手段,那么他们就是营销体系中的真实参与者(genuine participants),所从事的是真(真实)商业[real(authentic)businesses]。[16]

跳出微观视角,从宏观角度来看待真实营销:经营者应该将真实性注入营销实践中而不是出于利益最大化而操控消费者对真实的偏好。[16]有人就此描绘出一幅愿景:彼时所有的企业公开承认他们的利益驱动,他们努力通过将品牌打造为原创文化的源头——这对消费者身份认知议题具有独特贡献——来获得奖励。[17]听起来这可能如同乌托邦一般的理想,但不也应该期盼吗?正是存在一批仰望星空的人,社会才有可能向着美好的方向前进。[16]

如果说在消费社会,品牌作为一种文化象征,具有自我实现、自我身份构建的功能,甚至具有获得幸福感的功能[18],那么我们需要甄别、反思的是"什么是幸福"这样一个终极命题。这里面附带的且不可避免的是与价值观的关联。换言之,品牌的哪些主张有助于人们获得幸福感,而哪些其实是基于盈利目的对欲望的无限刺激,由此产生的快乐、愉悦甚至幸福感非常短暂,且要付出巨大代价。从社会的健康发展来说,无论如何,在商业大潮中也要关照"人性的光辉",表达人的价值和情感。营销不应失去其社会目标。效益固然重要,但并非唯一重要。所谓真实营销,无论是策略性还是非策略性,就从业者来说,人性光辉都应该是其经营过程中不可或缺的组成部分,无论如何,都应避免经济本位主义。"倘若要避免未来的冲击,建立一个人性的超工业社会,我们必须针对这些问题来研究应对之道……在未来环境技术的发展中，经济指标必须与社会及文化指标配合运用……避免走向技术主义及经济本位主义……检查生活品质变化的新机构的成立将能使我们逐步地迈向计划者人性化的道路。"[12]

就跨界来说，这意味着在跨界的同时，也应该守界。而这个"界"便是职业的底线和道德的底线。在本书所考察的案例中，尤其是策略性真实营销，品牌与艺术的结合似乎是一种折中之道——将满足人们寻求真实这样一种渴望视为商机。这种售卖真实、购买真实的行为是否可以满足真正的诉求，是否可以解决问题？从人的角度来说，未必。"随着欲望得到满足，人感到的快乐也会递减，到最后反而会成为一种痛苦。"[19]因此，对于欲望，我们应该保持高度警惕，不能任其放纵，任其成为"一种毫无节制的需求"。[20]

在这个前提之下，艺术可以做什么？如果说艺术有"救济人心"的功能，在艺术化浪潮中，品牌能否借此更多地展现出正念或者更具人性光辉的层面？比如意义的赋予，人与人之间的关系，可以持续带来满足感的物品（以对抗"短暂性"）。笔者在研究中所考察的非策略性真实营销举措传递出某些积极信号——除了本书所涉及的案例，还有一些品牌的行动让我们从中看到希望，只是因为时间问题尚未来得及深入考察。其实，"非策略性"的描述并不准确。如前面所说，有此界定主要是为了便于讨论所做的大致归类。除了少数品牌随性而为，对于大部分商业品牌来说，在艺术化过程中需要理性的规划，这也必然引向策略性考量。重点是这种规划是否以利益为唯一目标。

参考文献

[1] 林语堂.谁最会享受人生[EB/OL].[2019-7-1].https://tw.aixdzs.com/read/117/117263/p7.html.

[2] 梭罗.自然的力量：有翅膀的种子[M].刘浩兵，编译.杭州：浙江大学出版社，2018: 214-216.

[3] 默克罗比.创意生活：新文化产业[M].何道宽，译.北京：商务印书馆，2017: 23.

[4] Banet-Weiser, S. Convergence on the street: Rethinking the authentic/commercial binary [J]. Cultural Studies, 2011, 25(4-5): 655.

[5] 威尔逊. 波西米亚: 迷人的放逐[M]. 杜东东, 施依秀, 李莉, 译. 南京: 译林出版社, 2009: 5.

[6] Gobe M. Emotional branding: The new paradigm for connecting brands to people [M]. New York: Allworth Press, 2001.

[7] Lash S, Urry J. Economies of Signs & Space [M]. London: Sage Publications, 1994: 17.

[8] Wicker O. Marc Jacobs: "We have the same references" [N]. Liberation, 2008-2-29.

[9] https://www.complexcon.com/about-long-beach-ca-2019.

[10] https://boundlessart.com.

[11] 诺曼. 设计心理学: 情感设计[M]. 何笑梅, 欧秋杏, 译. 北京: 中信出版社, 2012: 25, 82.

[12] 托夫勒. 未来的冲击[M]. 黄明坚, 译. 北京: 中信出版社, 2018: 275.

[13] 阿苏利. 审美资本主义: 品味的工业化[M]. 黄琰, 译. 上海: 华东师范大学出版社, 2013: 70, 120, 165.

[14] Dell' era C. Art for business: Creating competitive advantage through cultural projects [J]. Industry and Innovation, 2010, 17(1): 71-89.

[15] 赫拉利. 人类简史: 从动物到上帝[M]. 林俊宏, 译. 北京: 中信出版社, 2014: 28.

[16] Kadirov1 D, Varey R J, Wooliscroft B. Authenticity: A macromarketing perspective [J]. Journal of Macromarketing, 2013, 00(0): 1-7.

[17] Holt D B. Why do brands cause trouble? A dialectical theory of consumer culture and brand [J]. Journal of Consumer Research, 2002, 26: 70-90.

[18] Jian Y F, Zhou Z M, Zhou N. Brand cultural symbolism, brand authenticity, and consumer well-being: The moderating role of cultural involvement [J]. Journal of Product & Brand Management, 2019, 28(4): 529-539.

[19] 三浦展. 第四消费社会[M]. 马奈, 译. 北京: 东方出版社, 2014: 140.

[20] 原研哉. 欲望的教育——美意识创造未来[M]. 张钰, 译. 桂林: 广西师范大学出版社, 2012: 6.